AF224564

LE
DÉGRÈVEMENT DE LA TERRE

ET

Ses Conséquences

*Etude sur la portée et les résultats de la loi
du 29 mars 1914, titre I.*

PAR

ARTHUR GIRAULT

Professeur d'Économie politique à la Faculté de Droit
de l'Université de Poitiers
Maire de Mignaloux-Beauvoir (Vienne)

Prix : 1 franc

Librairie de la Société du RECUEIL SIREY
22, rue Soufflot. — PARIS (Vᵉ)
L. TENIN, DIRECTEUR

1914

LE

DÉGRÈVEMENT DE LA TERRE

ET

Ses Conséquences

*Etude sur la portée et les résultats de la loi
du 29 mars 1914, titre I*

PAR

ARTHUR GIRAULT

Professeur d'Économie politique à la Faculté de Droit
de l'Université de Poitiers
Maire de Mignaloux-Beauvoir (Vienne)

Prix : 1 franc

Librairie de la Société du RECUEIL SIREY
22, rue Soufflot. — PARIS (Vᵉ)
L. TENIN, DIRECTEUR

—

1914

A LA MÊME LIBRAIRIE

PRÉFACE

Cet opuscule n'est pas simplement la reproduction des articles sur *le Dégrèvement de la terre dans le département de la Vienne*, articles publiés dans *l'Avenir de la Vienne* (n^os des 30 mai, 5, 12 et 19 juin 1914) et que plusieurs personnes ont bien voulu me demander de réunir sous forme de brochure. Il m'a semblé que je devais au public une étude plus générale et plus complète, susceptible d'intéresser tout le monde et non pas seulement les habitants du département de la Vienne. J'ai tenu cependant à rester aussi simple et aussi court que possible. Sous cette forme nouvelle, j'espère que ce petit travail pourra rendre quelques services aux contribuables en général, et en particulier aux maires de campagne, mes collègues, qui ont bien voulu s'intéresser à mes précédentes études.

Poitiers, le 1er juillet 1914.

Arthur GIRAULT.

LE DÉGRÈVEMENT DE LA TERRE

ET SES CONSÉQUENCES

I. — La loi du 29 mars 1914.
Considérations générales.

La loi du 29 mars 1914, qui a accordé à la terre le fameux dégrèvement dit des *cinquante millions*, contient deux titres.

Le titre I (articles 1 à 30), dont le texte est reproduit en appendice à la fin de cette brochure, a pour objet de diminuer l'impôt qui frappe la propriété non bâtie et d'augmenter l'impôt qui frappe la propriété bâtie.

Le titre II (art. 31 à 48) augmente les impôts qui frappent les valeurs mobilières.

Ainsi la réforme se suffit à elle-même. Les diminutions sont largement compensées par les augmentations. Il convient seulement de faire cette observation : les valeurs mobilières sont frappées *depuis le 1ᵉʳ juillet 1914* ; au contraire, c'est seulement *à partir du 1ᵉʳ janvier 1915* que la propriété non bâtie sera dégrevée et que la propriété bâtie sera surchargée.

Cette réforme a été inspirée par une idée de justice. La terre, en France, était surchargée d'impôts. Pour une valeur locative légèrement supérieure à 2 milliards (1), la propriété non bâtie payait, principal et centimes additionnels réunis, 285 millions (2). Au contraire, pour une valeur locative supérieure à 3 milliards et demi (3), la propriété bâtie ne payait, principal et centimes réunis, que 218 millions (4). En moyenne, la propriété non bâtie payait plus de 13 0/0, la propriété non bâtie 6 0/0 à peine.

Pour rétablir l'égalité, il fallait donc dégrever la première et grever la seconde.

Mais le législateur n'a pas voulu demander à la propriété bâtie la totalité de ce qu'il cessait de demander à la propriété non bâtie. C'est l'augmentation de l'impôt sur les valeurs mobilières qui vient combler la plus grande partie du trou creusé dans le budget par le dégrèvement de la terre, si bien qu'en définitive la propriété foncière, prise dans son ensemble, se trouve sensiblement soulagée.

Cette réforme, c'est là une observation essentielle, *ne doit pas être considérée comme un premier pas dans la voie de l'impôt personnel sur le revenu.* Elle conserve aux contributions et aux taxes qu'elle modifie leur caractère de réalité. Elle vise les propriétés bâties ou non bâties et les valeurs mobilières, sans tenir compte des personnes auxquelles elles appartiennent. Elle n'est une menace pour aucune catégorie de citoyens.

(1) L'évaluation des propriétés non bâties, faite de 1908 à 1913, donne une valeur locative de 2.084.631.537 francs.
(2) 285.183.643 francs en 1913.
(3) La seconde revision des évaluations des propriétés bâties, faite en 1910, donne une valeur locative de 3.672.142.128 francs.
(4) 218.328.173 francs en 1913.

Il convient d'ailleurs de remarquer que souvent une même personne possède à la fois des terres, de maisons et des valeurs mobilières. Par suite de la réforme, cette personne se trouvera grevée d'un côté et dégrevée de l'autre. Ainsi, à moins que le contribuable n'ait mis tous ses œufs dans le même panier — ce qui est toujours une imprudence — sa situation sera affectée d'une manière beaucoup moins sensible que ne paraîtraient l'indiquer au premier abord les déplacements considérables d'impôts qui résulteront de l'application de la loi du 29 mars 1914.

Pour étudier les conséquences de cette loi, il convient de distinguer et de classer d'une manière rationnelle ses diverses dispositions. Pour cela, il faut envisager séparément et successivement :

1º La suppression des centimes perçus au profit de l'Etat sur la contribution foncière (propriétés bâties et non bâties);

2º La diminution du principal de la contribution foncière sur la propriété non bâtie ;

3º L'augmentation du principal de la contribution foncière sur la propriété bâtie :

4º Les centimes départementaux ;

5º Les centimes communaux ;

6º La répercussion de la réforme sur la taxe vicinale ;

7º La revision des évaluations ;

sans parler de quelques autres questions qui se présenteront chemin faisant.

Quand on analyse tous ces points, on s'aperçoit que

la réforme porte beaucoup plus loin que ne se l'imaginaient la plupart des membres du Parlement qui l'ont votée. En retournant devant leurs électeurs, ils se sont vantés d'avoir dégrevé la terre de cinquante millions En réalité, le total de ce dégrèvement s'approchera beaucoup plus du chiffre de cent millions que de celui de cinquante millions. L'*Annuaire de l'Administration des Contributions directes* nous le dira exactement dans quelques années. En attendant, certains députés paraissent déjà effrayés de l'importance de la réforme qu'ils ont accomplie (1). Les législateurs auraient pourtant dû savoir ce qu'ils faisaient. Mais maintenant les ruraux tiennent le bon bout et ils ne paraissent pas décidés à le lâcher.

Chacun des points de vue qui vont être successivement examinés nous permettra de constater une victoire remportée par la propriété rurale.

(1) Voir en particulier l'article de M. Emmanuel Brousse dans *la Petite Gironde* du 9 juin 1914. Cpr. *l'Eclair* du 2 juin 1914. Aj. *Journal officiel*, Sénat, débats parlementaires, séance du 17 juin 1914.

II. — La suppression des centimes perçus au profit de l'Etat sur la contribution foncière.

Actuellement, la part de l'Etat dans la contribution foncière comprend, en plus du principal, toute une série de centimes dont l'existence impose aux malheureux employés des contributions directes des calculs compliqués. Ces centimes, qui sont calculés d'après le principal réel (contrairement aux centimes départementaux et communaux, lesquels sont calculés sur un principal fictif), frappent à la fois la propriété bâtie et la propriété non bâtie. En voici la liste à titre de curiosité :

8 centimes pour dépenses de l'instruction primaire ;

12 centièmes de centime (!) représentant les frais de perception des 4 centimes antérieurement perçus au profit des communes pour le même objet ;

1 centime pour secours en cas de grêle, incendies, inondations et autres cas fortuits ;

des centimes pour non-valeurs sur le montant du principal (3 centimes pour la propriété bâtie et 2 c. 5 pour la propriété non bâtie) ;

des centimes pour non-valeurs sur le montant des 8 centimes pour l'instruction primaire et des 12 centièmes de centime ci-dessus cités, soit 2436 dix millièmes de centime sur la propriété bâtie et 203 millièmes de centime sur la propriété non bâtie (!!)

Oh ! la pauvre tête des malheureux employés des contributions directes !

La loi du 29 mars 1914 supprime toutes ces chinoiseries. L'article 25 porte : « Il ne sera plus perçu au profit de l'Etat, à partir de 1915, de centimes additionnels au principal de la contribution foncière (propriétés bâties et propriétés non bâties). »

Cet article 25 conserve seulement, par son second alinéa, les centimes pour non-valeurs sur le montant des impositions départementales et communales et les centimes pour frais de perception des impositions communales. Mais ces centimes, perçus en apparence au profit de l'Etat, ne sont que la conséquence de ceux perçus au profit des départements et des communes : leur produit s'élève ou s'abaisse en même temps que celui des centimes départementaux et communaux, parmi lesquels il serait peut-être plus logique de les faire figurer.

Laissons de côté ce petit détail. Nous constatons ceci :

1° La suppression des centimes d'Etat profite également à la propriété bâtie et à la propriété non bâtie. Pour l'année 1914, le produit de ces centimes représente pour la propriété bâtie une charge de **10.904.695** francs et pour la propriété non bâtie une charge de **12.184.784** francs. Cette double charge va disparaître.

2° Tous les départements, toutes les communes, tous les propriétaires fonciers, sans distinction, vont profiter de ce dégrèvement.

Tous les départements en profitent, le département de la Seine et les gros départements industriels du

Nord comme les petits départements agricoles du Midi. Pour apprécier l'étendue de ce dégrèvement dans chaque département, il suffit de consulter à la préfecture la feuille de tête du rôle des quatre contributions dans le département pour 1915. Exemple : dans la Vienne, la charge qui va disparaître s'élève en 1914 à 50.363 fr. 73 pour la propriété bâtie et à 113.987 fr. 20 pour la propriété non bâtie.

Toutes les communes en profitent, la ville de Paris comme les plus petites communes rurales. Pour apprécier l'étendue de ce dégrèvement dans chaque commune, il suffit de consulter la feuille de tête du rôle des quatre contributions dans la commune pour 1914.(Ces feuilles de tête sont envoyées annuellement dans chaque mairie au mois de mars ou d'avril.)

Enfin, tous les propriétaires fonciers en profitent et ainsi cette première mesure a au moins le mérite de ne pas faire de jaloux.

Malheureusement, ce n'est qu'une mesure partielle dont la contribution foncière profite seule. Logiquement, le législateur aurait dû l'étendre aux autres contributions et supprimer d'une manière générale tous ces centimes perçus au profit de l'Etat. Ce sera sans doute pour une autre fois.

III. — La diminution du principal de la contribution foncière sur la propriété non bâtie.

La contribution foncière sur la propriété non bâtie est restée jusqu'à la présente année (1914) un impôt de *répartition*. Le principal de cette contribution est fixé pour 1914 au chiffre de 103.069.363 francs ; le principal est réparti entre tous les départements, conformément au tableau B annexé à la loi annuelle sur les contributions directes.

A partir du 1er janvier 1915, cette contribution devient un impôt de *quotité*, fixé à 4 0/0 du revenu net imposable, lequel est égal lui-même aux 4/5es de la valeur locative.

L'évaluation des propriétés non bâties, ordonnée par l'article 3 de la loi du 31 décembre 1907, a eu précisément pour but de déterminer cette valeur locative. Cette grosse opération est aujourd'hui terminée. Les résultats en sont consignés dans un rapport de M. Charles Dumont, ministre des Finances, daté du 3 novembre 1913. Ce rapport forme deux gros volumes in-4°. Le lecteur désireux de faire une étude approfondie pourra s'y reporter au besoin (1).

Je ne veux pas revenir ici sur les conditions dans lesquelles cette opération gigantesque s'est poursuivie. L'évaluation de la propriété non bâtie, effectuée de 1908 à 1913, laisse évidemment place à la cri-

---

(1) Ce rapport a été reproduit en *annexes* au *Journal officiel*, au début de 1914 (feuilles 1 à 15).

tique. J'ai dit ailleurs ce que j'en pensais, dans mon petit volume sur la *Réfection du cadastre* (1). Le tort du législateur de 1907 a été de mettre « la charrue avant les bœufs ». Il fallait refaire le cadastre *d'abord* et faire l'évaluation *ensuite*. Cela aurait duré plus longtemps, mais on aurait fait ainsi quelque chose de très bien. On a voulu aller vite ; par là même on s'est condamné à ne faire qu'une œuvre imparfaite. On est arrivé *à peu près* à la justice : on ne l'a pas atteint. Ceci, je le répète, n'est pas une critique à l'adresse de l'Administration des contributions directes. Prenant pour base de ses calculs des données discutables et incertaines, ayant l'ordre d'aller vite, elle ne pouvait guère faire mieux. Enfin, elle a abouti assez tôt pour permettre aux Chambres de voter la loi avant les dernières élections législatives : c'est à cela que tenaient les membres du Parlement.

D'après cette évaluation, la valeur locative de la propriété non bâtie (2) s'élève, pour l'ensemble de la France, à 2.084.631.537 francs. En prenant les 4/5es de ce nombre, on obtient le revenu net imposable. L'impôt, fixé à 4 % de ce revenu net, s'élèverait, d'après le tableau 44 annexé au rapport de M. Ch. Dumont, à 65.465.701 francs.

En déduisant ce nouveau principal (65.465.701) du principal actuel (103.069.363 francs), on obtient une différence de **37.603.662** francs, qui représente le montant du dégrèvement de la propriété non bâtie qui est la conséquence directe de la nouvelle évaluation.

(1) Voir A. Girault, *la Réfection du cadastre*, ch. xvi.
(2) Non compris les sols et dépendances des propriétés bâties. Voir plus loin (V).

C'est en ajoutant à ce dégrèvement portant sur le principal celui de 12.184.784 qui résulte de la suppression des centimes perçus au profit de l'Etat (voir II) qu'on obtient ce total d'environ 50 millions dont on. tant parlé. Cinquante millions, voilà bien, en chiffres ronds, la somme que la terre paiera en moins *à l'Etat* pour la France entière.

A la différence de celui qui résulte de la suppression des centimes d'Etat, le dégrèvement portant sur le principal ne bénéficiera pas également à tous les départements. Les départements où la terre est aujourd'hui imposée beaucoup trop lourdement en profiterontlargement. Les autres en profiteront moins ou n'en profiteront pas. Cela est fatal. Quand on rétablit l'égalité, ceux qui en profitent le plus sont ceux qui souffraient davantage de l'injustice antérieure.

Le tableau suivant indique, pour chaque département, dans une première colonne, le montant du principal réel de la contribution foncière sur la propriété non bâtie pour 1914 (d'après l'état B annexé à la loi du 1er août 1913) et, dans une seconde colonne, la part de l'Etat résultant de la nouvelle évaluation (d'après le tableau 44 annexé au rapport de M. Charles Dumont). Dans trois départements seulement (Alpes-Maritimes, Corse, Seine) le principal de la contribution foncière des propriétés non bâties augmente. Partout ailleurs, il diminue. Dans certains départements (Loire-Inférieure, Landes, Vendée, Finistère, Allier), la diminution est très légère. Dans quelques-uns, elle est énorme (Aude, Gers, Lot-et-Garonne, Tarn, Tarn-et-Garonne).

	1914	1915
Ain.	1 024.590	734.497
Aisne.	2.000.962	1.182.270
Allier.	1.150.406	1 091.448
Alpes (Basses-).	337.528	134.943
Alpes (Hautes-).	270.510	118.545
Alpes-Maritimes.	387.477	441.127
Ardèche.	687.257	388.876
Ardennes.	920.043	528 281
Ariège.	476.172	249.173
Aube.	904.058	425.150
Aude.	1.464.202	475.950
Aveyron.	1.160.998	577.300
Bouches-du-Rhône.	783.105	612.672
Calvados.	2.723.302	1,541.832
Cantal	708.450	503.103
Charente.	1.096 802	472.564
Charente-Inférieure.	1.310.055	803 891
Cher.	804.203	692.810
Corrèze.	631.228	332.273
Corse.	142.152	199.698
Côte-d'Or.	1.662.385	937.422
Côtes-du-Nord.	1.344.815	1.074.593
Creuse.	554.255	452.032
Dordogne.	1.269.423	548 743
Doubs.	878.269	531.539
Drôme.	918.900	520 470
Eure.	1.902.685	1.024.751
Eure-et-Loir.	1.642 708	971.708
Finistère.	1.025.730	1.003.762
Gard.	1.153.559	655.309
Garonne (Haute-).	1.725 349	781.596
Gers.	1.291.502	463.821
Gironde.	1.854.494	1.216.990
Hérault.	1.644.536	817.460
Ille et-Vilaine.	1.492 213	1.331.680
Indre.	800.150	651.168
Indre-et-Loire.	1.196.511	762.757
Isère.	1.668.708	848.339
Jura.	874.470	482.443
Landes	614.852	612.906
Loir-et-Cher.	960.216	623 955
Loire	998.250	647.997
Loire (Haute-).	830.873	494.569
Loire-Inférieure.	1.181.874	1.179.326
Loiret.	1.241.577	832.348

	1914	1915
Lot.	813.778	402.768
Lot-et-Garonne.	1 639.674	612.076
Lozère.	347.292	204.260
Maine-et-Loire.	1.960.618	1.262.154
Manche.	2.636.548	1.592.421
Marne.	1.335.319	712.132
Marne (Haute-).	848.165	418.993
Mayenne.	1.213 263	949.933
Meurthe-et-Moselle.	1.050.914	581.276
Meuse.	1.005 351	492.825
Morbihan.	945.692	711.295
Nièvre.	1.051.209	827.702
Nord.	2.806.301	2.322.164
Oise.	1.844.181	1.039 242
Orne.	1.656.306	967.093
Pas-de-Calais.	2 352.602	1.857.466
Puy-de-Dôme.	1.847.750	879.433
Pyrénées (Basses-).	683.203	589.386
Pyrénées (Hautes-).	496.361	293 107
Pyrénées-Orientales.	549.294	259.277
Belfort (Territoire de).	133.753	68.590
Rhône.	1.014 121	610.743
Saône (Haute-).	1 010.961	463.701
Saône-et-Loire.	2.220.073	1.472 327
Sarthe.	1.458.203	959.905
Savoie.	484.712	304.225
Savoie (Haute-).	433.175	400 110
Seine.	277.371	1.131.921
Seine Inférieure.	2.625.812	1 534.787
Seine-et-Marne.	1.778.223	1.152.434
Seine-et-Oise.	2.114.374	1.536.499
Sèvres (Deux-).	1.147.966	968.249
Somme.	2.270.284	1.230.968
Tarn.	1.279.247	529.692
Tarn-et-Garonne.	1.247.388	495.902
Var.	835.472	470.191
Vaucluse.	686.657	463.945
Vendée.	1.322.831	1.302.056
Vienne.	964.200	679.606
Vienne (Haute-).	701.988	477.136
Vosges.	909.681	555.616
Yonne.	1.357.246	701.008
Totaux.	103 069.363	65.465.701

Pour montrer comment on peut se rendre compte, pour chaque département, de l'importance du dégrèvement qui porte sur la part de l'Etat, je prendrai comme exemple la Vienne qui, à ce point de vue comme à beaucoup d'autres, se trouve à peu près dans la moyenne des départements français Dans la Vienne, la valeur locative de la propriété non bâtie est de 21.276.774 francs ; le revenu net, qui représente les 4/5es de cette valeur locative, est de 17.081.342 fr. ; le principal de la contribution foncière, qui représente 4 0/0 de ce revenu net, se trouve par conséquent réduit à 679.606 francs. En 1914, il était exactement de 964.114 francs. Cela fait donc un **dégrèvement de 284.508 francs** *sur le principal* de la contribution foncière non bâtie pour l'ensemble du département. En ajoutant à cette somme celle de 113 987 fr. 20, représentant les centimes d'Etat supprimés, citée plus haut. on obtient le chiffre de 398.495 fr. 20 qui représente le total du dégrèvement dont bénéficiera la propriété non bâtie dans le département, en ce qui concerne la part de l'Etat. En chiffres ronds, on peut dire que dans la Vienne les propriétaires ruraux paieront **quatre cent mille francs** de moins à l'Etat. Cela représente, pour la Vienne, plus du tiers de la part de l'Etat (35,82 0/0 d'après le tableau n° 44 annexé au rapport de M. Charles Dumont). Cela est considérable. Et cependant la Vienne n'est pas un des départements qui se trouvent les plus dégrevés. Il est même quelque peu au dessous de la moyenne (43 0/0).

L'importance du dégrèvement ne varie pas seulement beaucoup d'un département à l'autre ; elle varie considérablement de commune à commune, dans l'intérieur d'un même département. Il peut très bien arriver que, dans un département dont l'ensemble est sensiblement dégrevé, la part de l'Etat augmente dans certaines communes.

Le département de la Vienne nous en offre un exemple frappant. Toute la partie nord-ouest du département, celle qui correspond aux régions de l'orge, de la vigne et des cultures maraîchères (1), était déjà bien cultivée et aussi peuplée qu'aujourd'hui au début du xixe siècle. Elle avait été par suite fortement imposée lors de la confection du cadastre. Les communes situées dans ces régions sont toutes sensiblement dégrevées. Au contraire, la région dite des cultures extensives, qui forme le sud-est du département, était alors à peu près inculte et la population y était très clairsemée. Depuis cinquante ans, cette région a été mise en valeur ; les brandes ont été défrichées et transformées en terres labourables. Rien de surprenant à ce que le nouvel impôt de quotité, basé sur une évaluation récente, soit plus élevé dans les communes rurales de cette région que l'impôt de répartition basé sur les données de l'ancien cadastre.

Dans nombre de départements, on constate des transformations du même genre, dues à des causes analogues. Ainsi, dans les Deux-Sèvres, l'impôt sur la propriété non bâtie diminuera fortement dans le sud du département et augmentera au contraire dans le nord

(1) Voir l'enquête sur *la petite propriété rurale en France* publiée par le ministère de l'Agriculture en 1909, p. 269 et carte.

(arrondissement de Bressuire). Partout, les communes où la terre était grevée d'une matière excessive bénéficieront très largement de la réforme. Celles où la terre ne payait pas beaucoup plus qu'elle n'aurait dû, en profiteront légèrement. Dans les communes où la terre ne payait pas ce qu'elle aurait dû payer, le poids de la contribution foncière sur la propriété non bâtie deviendra plus lourd. Quand on rétablit l'égalité, les victimes de l'injustice en profitent, mais ceux qui profitaient de l'injustice en souffrent. Cela est évident. Mais, si les uns ont le droit de se réjouir, les autres n'ont pas le droit de se plaindre.

Il serait très intéressant de calculer pour chaque commune l'importance du dégrèvement qui va résulter de la nouvelle évaluation. Je prendrai simplement comme exemple la commune de Nouaillé : c'est une des communes de la Vienne où la terre était le plus lourdement frappée, une de celles qui, par conséquent, profiteront le plus largement de la nouvelle loi.

A Nouaillé, le principal de la contribution foncière sur la propriété non bâtie s'élève pour 1914 à 3.398 fr. A cette somme, il faut ajouter 401 fr. 75 pour les centimes d'Etat. Cela fait un total de 3.799 fr. 75. En 1915, le principal de la contribution foncière, calculé à raison de 4 0/0 sur un revenu net de 20.936 francs, s'élèvera à 837 fr. 32. Les propriétaires ruraux de cette commune paieront à l'Etat 832 fr. 32 au lieu de 3.799 fr. 75, soit un dégrèvement de 2 962 fr. 43.

Cet exemple montre à quel point la terre était abominablement grevée dans certaines communes. L'énormité du dégrèvement est la meilleure preuve de l'énormité de l'injustice antérieure. C'est pourquoi j'ai choisi cette commune comme exemple.

Chaque maire peut faire le même calcul pour sa commune, à l'aide du tableau des contributions directes qu'il a reçu au mois d'avril dernier et du revenu net qui résulte de la dernière évaluation de la propriété non bâtie (ce revenu net est indiqué dans les nouvelles matrices des propriétés non bâties qui seront envoyées dans les communes d'ici la fin de l'année).

Pour une raison analogue à celle indiquée plus haut, l'importance du dégrèvement peut varier beaucoup, dans l'intérieur d'une même commune, d'un propriétaire à l'autre, ou plutôt d'une parcelle à l'autre. En 1914, chaque parcelle est imposée d'après sa nature de culture lors de la confection du cadastre, d'après la classe dans laquelle elle a été alors placée et d'après le revenu cadastral qui lui a été assigné à cette époque conformément au tarif des évaluations adopté alors pour la commune. En 1915, chaque parcelle sera imposée d'après son revenu net, c'est-à-dire d'après les 4/5es de sa valeur locative telle qu'elle résulte de la dernière évaluation. La situation est dès lors tout à fait différente.

IV. — L'évaluation de la propriété non bâtie dans le département de la Vienne.

L'importance de cette opération pour chaque propriétaire en particulier est d'autant plus frappante que la contribution foncière sur la propriété non bâtie devient désormais un impôt de quotité. L'impôt payé à l'Etat par chaque propriétaire sera exactement une fraction (0,032) de la valeur locative attribuée aux parcelles mises à son nom lors de l'évaluation qui a été faite de 1908 à 1913. Il est donc très intéressant pour lui de rechercher comment cette opération s'est effectuée. Le rapport de M. Charles Dumont donne à ce sujet de nombreux détails. A titre d'exemple, j'extrais de ce rapport les chiffres qui intéressent le département de la Vienne.

Sur 300 communes, il y en a eu 291 dans lesquelles le tarif des évaluations élaboré par les classificateurs a été adopté par l'Administration (tableau n° 6). Il y en a eu 9 seulement dans lesquelles ce tarif a été relevé sur la proposition des contrôleurs ou de l'inspecteur. Ma commune a été une de ces neuf : c'est un honneur dont elle se serait bien passée.

Quoi qu'il en soit, la Vienne a été un des départements où l'entente a été le plus facile entre les classificateurs et l'Administration des contributions directes. Il n'en a pas été ainsi partout. Dans l'Indre, le tarif adopté par les classificateurs a été relevé dans le tiers des communes, ce qui est l'indice d'un assez grand désaccord. Dans la Vienne, au contraire, les choses se sont passées « en douceur ». Est-ce parce que les classificateurs ont manqué d'ardeur et de ténacité pour défendre les intérêts des contribuables ? Est-ce parce que les contrôleurs se sont montrés plus coulants ? La vérité, je crois, est que, d'un côté comme de l'autre, on a mis de la bonne volonté et on a apporté un grand esprit de conciliation.

Cette dernière impression ressort également de l'analyse des réclamations formulées par les propriétaires (tableau 9). 165.150 propriétés, représentant une contenance de 671.541 hectares, ont été évaluées. Il y a eu 454 réclamations seulement, dont 189 ont été reconnues fondées. Par suite des réclamations admises, l'évaluation primitive, qui était de 21.422.899 francs, a été ramenée à 21.380.723 francs. Si l'on fait une comparaison avec le reste de la France, on s'aperçoit que la Vienne est un des départements où il y a eu le moins de réclamations.

Les tableaux 12 à 23 indiquent, par département et pour chaque nature de culture, la contenance, la valeur locative et la valeur vénale, avec la moyenne à l'hectare. On sait qu'au point de vue des natures de cultures, les terres sont réparties en 13 catégories. Dans le département, les quatre plus importantes sont les terres labourables (498.132 hectares), les bois (87.839 hectares), les prés naturels (35.540 hectares) et les vignes (17.154 hectares). La valeur locative à l'hectare est en moyenne : 32 francs pour les terres labourables, 17 francs pour les bois, 47 francs pour les prés naturels et 45 francs pour les vignes.

Ces moyennes ne paraissent pas excessives. Mais il y a de grandes différences d'une commune à l'autre, ainsi que le montre le tableau 29, tableau extrêmement curieux, et il semble bien que, dans certaines communes, la valeur locative de certaines natures de culture ait été exagérée. Ce tableau indique, pour chaque département, les communes qui détiennent le record, dans un sens ou dans l'autre. Les voici pour le département de la Vienne :

1° *Terres labourables :* par hectare la valeur locative est en moyenne de 74 francs à Scorbé-Clairvaux (maximum) et de 14 francs à Nouaillé (minimum).

2° *Prés naturels :* 146 francs à Thuré et 11 francs à Nouaillé.

3° *Vergers :* 150 francs à Lusignan, 15 francs à Availles-Limousine.

4° *Vignes :* 131 francs à Buxeuil, 15 francs à Nouaillé.

5° *Bois :* 40 francs à Gençay, 4 francs à Lésigny.

6° *Landes, marais, terres incultes :* 47 francs à Saint-Laon, 1 franc à Salles-en-Toulon.

7° *Carrières :* 60 francs à Berrie, 3 francs à Saint-Laurent-de-Jourdes.

8° *Lacs :* 100 francs à Ceaux, 2 francs à Paizay-le-Sec.

9° *Jardins, cultures maraîchères :* 322 francs à Loudun, 25 francs à Dienné.

10° *Chantiers, terrains à bâtir :* 15.000 francs à Rouillé, 25 francs à Payré.

11° *Terrains d'agrément :* 500 francs à Loudun, 35 francs aux Roches-Prémarie.

12° *Chemins de fer :* 180 francs à Lencloître, 25 francs à Dienné.

La 13e catégorie (sol des propriétés bâties) n'est pas mposable d'après la loi nouvelle.

Dans l'ensemble, toutes natures de culture réunies, le record est détenu, dans le sens du maximum, par la commune de Targé (83 francs l'hectare en moyenne) et, dans le sens du minimum, par la commune de Dienné (12 francs l'hectare en moyenne).

Ces différences considérables s'expliquent par deux raisons. D'abord, une raison objective : la valeur locative à l'hectare est réellement beaucoup plus élevée dans certaines communes que dans d'autres. Ensuite, une raison subjective, tenant aux personnes chargées de faire le travail. De même que les contrôleurs ont été plus ou moins fiscaux, de même les maires et les classificateurs ont été plus ou moins ardents ou plus ou moins habiles à se défendre. Cette seconde cause a eu une importance considérable. Il y aura encore des communes qui paieront trop et d'autres qui ne paieront pas assez. Ce ne seront peut-être pas les mêmes qu'autrefois. Mais il y aura toujours des inégalités. Seulement, ces inégalités ne seront pas imputables au système fiscal ; elles seront simplement la conséquence de l'inégalité fatale qui existe entre les hommes sous le rapport de la combativité, de l'obstination, du savoir, de l'audace et de la ruse.

La dernière évaluation a aussi montré que pour les contribuables l'union fait la force tandis que la division est toujours une cause de faiblesse. C'est ainsi que, dans certaines communes, les classificateurs ont eu une tendance à attribuer une valeur locative exagérée à certaines natures de culture (par exemple aux terrains d'agrément), avec l'arrière-pensée de faire supporter à tel ou tel contribuable en vue une charge plus lourde. C'est là un très mauvais calcul. Le grand domaine dont on a voulu atteindre le propriétaire peut être morcelé et vendu demain : les paysans qui en auront acheté les débris continueront à payer l'impôt excessif dont il aura été frappé.

En présence d'un impôt de répartition, cet état d'esprit peut être excusable : ce qui est payé en plus par les uns est payé en moins par les autres. Mais, lorsqu'il s'agit — comme cela sera désormais le cas pour la contribution foncière sur la propriété non bâtie — d'un impôt de quotité, cela ne se comprend plus. Paul ne paiera pas moins parce que Pierre paiera davantage. Les contribuables n'ont rien à gagner à se faire la guerre les uns aux autres. Ils seront forts tant qu'ils resteront unis pour se défendre mutuellement. Le fisc profitera avec habileté de leurs divisions. La jalousie est toujours mauvaise conseillère. C'est là une vérité éternelle, qui s'applique dans ce cas comme dans tous les autres. L'homme jaloux n'est digne ni d'être répartiteur, ni d'être classificateur.

V. — De quelques anomalies.

La loi du 29 mars 1914 laisse subsister un certain nombre de dispositions antérieures qui constituent aujourd'hui des anomalies assez singulières et difficiles à justifier.

La première est relative au dégrèvement des petites cotes foncières.

L'exagération de la contribution foncière sur la propriété non bâtie avait conduit le législateur, vers la fin du siècle dernier, à concéder aux petits propriétaires une faveur notable. La loi du 21 juillet 1897, article 1, accorde, sur la contribution foncière des propriétés non bâties, en ce qui concerne la part de l'Etat, une remise totale pour les cotes de 10 francs et au-dessous, une remise des trois quarts pour les cotes de 10 à 15 francs, une remise de moitié pour les cotes de 15 à 20 francs et une remise d'un quart pour les cotes de 20 à 25 francs. Le sacrifice fait ainsi chaque année par l'Etat depuis 1898 s'élève à 14 millions environ (1).

Dans l'esprit du législateur d'alors, cette mesure démocratique était un premier pas dans le sens d'une réforme plus générale : la suppression complète de la part de l'Etat. On n'aurait laissé subsister sur la propriété non bâtie que les centimes perçus au profit des départements et des communes. On aurait ainsi abouti progressivement, par un chemin détourné et d'une manière un peu compliquée, à un résultat analogue à

____

(1) En 1912, le montant total des remises a été de 13.704.467 fr. 63 ; le nombre des articles dégrevés a été de 4.617.716.

celui obtenu dans le système préconisé par les partisans de la décentralisation fiscale, lesquels réclamaient l'attribution aux communes du principal de la contribution foncière sur la propriété non bâtie (1).

Mais la situation financière devenant chaque année plus difficile, les Chambres ne sont pas allées plus loin dans la voie où M. Méline les avait engagées en 1897. Dès lors que l'on s'arrêtait ainsi en chemin, le dégrèvement des petites cotes foncières n'était plus qu'une anomalie difficilement justifiable en théorie et que seule pouvait excuser l'exagération de la contribution foncière. Du jour où la contribution sur la propriété non bâtie a été ramenée dans des limites raisonnables, cette anomalie aurait dû disparaître.

Le législateur cependant n'a pas osé la supprimer complètement, de peur de soulever les protestations des petits propriétaires paysans. Il s'est borné à réduire l'importance de ces remises. L'article 30 de la loi du 29 mars 1914 accorde une remise totale de la part de l'Etat pour les cotes de 8 francs et au-dessous et une remise uniforme de 8 francs aux cotes de 8 à 16 francs. L'avenir nous apprendra de combien le produit de la contribution foncière se trouvera réduit par suite de cette disposition. Mais il est permis de penser que la situation des finances publiques ne justifiait pas la continuation de cette générosité qui, par ailleurs, a dans sa forme un peu trop l'allure d'une aumône.

La loi du 29 mars 1914 a laissé subsister égale-

(1) Voir en ce sens ma brochure *Aux maires de campagne,*

ment l'exonération temporaire de la contribution foncière au profit des terrains plantés ou replantés en vignes. (Loi du 1er décembre 1887.) Cette faveur, qui n'a plus aujourd'hui sa raison d'être, fait perdre chaque année au fisc quelques centaines de mille francs et aurait pu disparaître sans inconvénients (1).

L'anomalie la plus choquante est celle qui résulte de l'article 41 de la loi du 9 décembre 1905 sur la séparation des Eglises et de l'Etat, lequel est ainsi conçu : « Les sommes rendues disponibles chaque année par la suppression du budget des cultes seront réparties entre les communes *au prorata du contingent de la contribution foncière des propriétés non bâties qui leur aura été assigné pendant l'exercice qui précédera la promulgation de la présente loi.* » C'était une compensation très appréciable accordée aux communes qui souffraient le plus de l'exagération de l'impôt foncier. La loi du 29 mars 1914 laisse subsister la compensation apportée antérieurement à l'injustice qu'elle supprime. Conséquence : *certaines communes recevront de l'Etat en 1915 sur le budget des cultes une allocation supérieure au principal de la contribution foncière des propriétés non bâties.* Elles auront plus qu'elles n'au-

L'impôt sur le revenu. Voir également la campagne menée par M. Kergall dans la *Revue économique et financière* et dans la *Démocratie rurale* et par M. Jules Roche à la Chambre des députés.

(1) Voir en ce sens mon article dans la *Revue politique et parlementaire* de septembre 1906. La loi du 1er décembre 1887 a fait perdre au fisc, depuis l'origine jusqu'à la fin de 1912, 33.517.070 fr. 49. (*Annuaire de l'Administration des contributions directes*, 1914, p. 211.)

raient obtenu dans le système qui attribue aux communes l'intégralité du principal de la contribution foncière sur la propriété non bâtie, système devant lequel les Chambres ont toujours reculé, le trouvant trop favorable aux communes (1). C'est là une véritable bévue que le législateur devrait s'empresser de réparer avant la fin de 1914. Il conviendrait de décider tout au moins, si l'on veut conserver le principe ancien, que le principal de la contribution foncière des propriétés non bâties constitue dans chaque commune *un maximum* que le montant de l'allocation de l'Etat ne pourrait pas dépasser.

(1) Voir plus haut, page 27.

VI. — L'augmentation du principal de la contribution foncière des propriétés bâties.

La réforme opérée en 1914 pour la propriété non bâtie avait déjà été faite en 1890 pour la propriété bâtie. La loi du 8 août 1890 avait transformé la contribution foncière des propriétés bâties en un impôt de quotité fixé à 3 fr. 20 0/0 du revenu net. Ce revenu net est égal à la valeur locative diminuée de 1/4 pour les maisons et de 40 0/0 pour les usines. Pour 1914, le principal est évalué à 88.200.000 francs en chiffres ronds (1).

La loi du 29 mars 1914, en réduisant à 4 0/0 du revenu net le taux de l'impôt sur la propriété non bâtie, a élevé, d'autre part, de 3 fr. 20 0/0 à 4 0/0 du revenu net le taux de l'impôt sur la propriété bâtie. A partir du 1er janvier 1915, la propriété foncière, sans distinction entre la bâtie et la non bâtie, paiera ainsi 4 0/0 du revenu net. Pour l'ensemble de la France, cela fera une augmentation de 22 millions, en chiffres ronds, sur le principal de la propriété bâtie.

(1) Le produit de la contribution foncière des propriétés bâties en principal varie nécessairement d'année en année, par suite des constructions nouvelles d'une part et des démolitions de l'autre. En 1913, 9.473 569 maisons représentant une valeur locative de 3.352.175.763 francs (revenu net 2 514.072.855 fr. 38). et 141.527 usines, représentant une valeur locative de 353.560.850 francs (revenu net 212 120.550 fr. 55) ont été imposées. Le tout a payé en principal 87.238.189 francs. (*Annuaire de l'Administration des contributions directes*, 1914, p. 72-73)

Dans le département de la Vienne, en particulier, le revenu net de la propriété bâtie est de 12.664.000 francs en chiffres ronds. Le produit de l'impôt correspondant à ce revenu dépasse légèrement 400.000 francs en principal (407.354 fr. 94 en 1914). L'année prochaine, il dépassera 500.000 francs. L'augmentation de l'impôt en principal sera donc de 100.000 francs environ pour le département.

En somme, le principal de la contribution foncière est augmenté d'un quart dans tous les départements. Chaque département se ressentira évidemment d'autant plus de cette surcharge qu'il compte plus de propriétés bâties. Pour la Seine, où le revenu net de la propriété bâtie dépasse 900 millions, le principal va se trouver porté de 28.856.794 francs à plus de 36 millions ; l'augmentation dépassera 7.218.000 francs.

Un exemple facile fera saisir le degré d'importance de cette augmentation pour chaque contribuable. Soit une maison louée 400 francs. Il faut déduire un quart du loyer pour obtenir le revenu net. Reste 300 francs. Au taux actuel de 3 fr. 20 0/0, cette maison paie aujourd'hui 9 fr. 60 en principal. A partir de l'année prochaine, elle paiera 12 francs en principal.

Mais, en réalité, il s'en faudra de beaucoup que la propriété bâtie paie un quart de plus à l'Etat. Les propriétaires de maisons vont bénéficier en effet, par contre, d'un double dégrèvement, qui compensera en partie la surcharge.

1° Le premier résulte de la *suppression des centimes additionnels perçus au profit de l'Etat*, dont il a été question plus haut. Pour l'ensemble des contribuables, cela représente un dégrèvement de 10.904.695 francs. Ainsi, de ce chef, la surcharge est réduite de moitié environ.

2° Le second dégrèvement résulte de ce que désormais, « les sols des bâtiments de toute nature et les terrains formant une dépendance indispensable et immédiate de ces constructions ne seront plus assujettis à la contribution foncière des propriétés non bâties » (art. 3). Jusqu'à maintenant, le propriétaire d'une maison située en ville payait la contribution des propriétés bâties sur sa maison et la contribution des propriétés non bâties sur son terrain. A partir de 1915, il continuera à payer sur sa maison, mais il ne paiera plus sur son terrain. Et par terrain, la loi entend non seulement le sol sur lequel est édifiée la maison, mais encore la cour et le jardin qui forment des dépendances indispensables et immédiates de cette maison. Cela ne va pas bien loin sans doute, mais c'est toujours cela.

A ce sujet, il convient de faire une observation intéressante pour les agriculteurs. On sait que les bâtiments affectés à une exploitation agricole (granges, écuries, hangars, etc.) ne supportent pas la contribution foncière des propriétés bâties. A partir de 1915, les terrains sur lesquels sont édifiés ces bâtiments ne supporteront même plus la contribution foncière des propriétés non bâties. Ainsi, celui qui, dans une commune, serait simplement propriétaire d'une grange, ne paiera plus d'impôt foncier dans cette commune. Cela résulte des termes très généraux de l'article 3. On peut trouver que c'est excessif ; dans tous les cas, les agriculteurs ne s'en plaindront pas.

Cette immunité des bâtiments affectés à une exploitation agricole représente pour les ruraux un très gros avantage. Il ne semble pas qu'elle soit sur le point de disparaître. Les pouvoirs publics n'oseront jamais.

Faisons la balance des deux opérations (dégrèvement de la propriété non bâtie et surcharge de la propriété bâtie), en ce qui concerne la part de l'Etat. Il y a trois départements (Seine, Alpes-Maritimes, Corse) où la propriété bâtie et la propriété non bâtie vont payer l'une et l'autre plus que par le passé. Il y en a aussi quelques-uns où la surcharge de la propriété bâtie sera plus forte que le dégrèvement de la propriété non bâtie et où les propriétaires d'immeubles, tous comptes faits, paieront plus d'impôts à l'Etat qu'ils n'en paient aujourd'hui (exemples : Loire-Inférieure, Nord). Dans la grande majorité des départements, le dégrèvement de la propriété non bâtie l'emportera de beaucoup sur la surcharge de la propriété bâtie (exemple : la Vienne où la propriété bâtie sera grevée seulement d'un peu plus de 50.000 francs tandis que la propriété non bâtie sera dégrevée de 400.000 francs).

VII. — Les centimes départementaux.

Nous avons vu jusqu'ici dans quelle mesure la propriété non bâtie allait être dégrevée et la propriété bâtie allait être surchargée en ce qui concerne la part de l'Etat. Mais la réforme devait naturellement avoir sa répercussion sur les centimes départementaux et communaux.

Les effets de cette répercussion ne pouvaient manquer d'être considérables. Voici pourquoi :

Actuellement, non seulement le principal réel de la contribution foncière des propriétés bâties est inférieur à 4 0/0 du revenu net, mais encore les centimes départementaux et communaux additionnels à cette contribution sont perçus sur un principal fictif *plus faible* que le principal réel (exemple : 359.628 francs au lieu de 407.354 francs dans le département de la de la Vienne).

Inversement, non seulement le principal réel de la contribution foncière des propriétés non bâties est en général supérieur à 4 0/0 du revenu net, mais encore les centimes départementaux additionnels à cette contribution sont perçus sur un principal fictif *plus élevé* que le principal réel (exemple : 1.032.076 francs au lieu de 964.114 francs dans le département Vienne).

Cela est tout simplement absurde, mais ainsi l'avait décidé l'article 26 de la loi du 8 août 1890. Cet article 26 n'était dans la pensée du législateur de 1890 qu'une disposition transitoire; mais voici bientôt un quart de siècle que ce provisoire dure.

Cette absurdité entraînait cette conséquence que *l'inégalité des charges* entre la propriété bâtie et la propriété non bâtie était *encore beaucoup plus grande en ce qui concerne la part du département* qu'en ce qui concerne la part de l'Etat.

Voilà pourquoi l'égalité des charges entre les deux sortes de propriétés foncières, établie par la loi du 29 mars 1914, va apporter une surprise désagréable aux propriétaires de maisons. Ceux-là seuls pouvaient la prévoir qui connaissaient en détail le fonctionnement de nos vieilles contributions.

Mais beaucoup de propriétaires urbains ne faisaient pas attention qu'ils ne contribuaient que pour une part infime aux charges départementales. Ils vont trouver très gros d'être obligés d'y contribuer dans la même mesure que les propriétaires ruraux. En fait, pour les propriétaires de maisons, l'augmentation de la part de l'Etat dans la contribution foncière sur la propriété bâtie est bien légère comparée à la charge qui va résulter pour eux de la péréquation des centimes départementaux et communaux.

Tout d'abord, les centimes départementaux. Ici une observation préliminaire s'impose.

En tant qu'elle porte sur la part de l'Etat, la réforme réalisée par la loi du 29 mars 1914 a pour résultat, nous l'avons vu, de grever certains départements et de dégrever les autres. Au contraire, en ce qui concerne les centimes départementaux, la réforme est *sans effet d'un département à l'autre*. La modification apportée dans le calcul des centimes départementaux n'a pas pour effet de rendre plus légère la charge de certains départements et plus lourde celle des autres.

Dans chaque département, les besoins étant supposés constants. la charge reste la même. Seulement cette charge va se trouver répartie d'une manière différente. Mais ce qui sera payé en plus par les uns sera payé en moins par les autres. Les propriétaires de maisons paieront davantage, mais les propriétaires de terres paieront moins.

Mais comment calculer à l'avenir les centimes départementaux ? La solution naturelle tout indiquée était la suivante : prendre désormais pour base le principal réel. Pour la contribution foncière comme pour les autres, le centime aurait été la centième partie de ce principal réel. Mais cela aurait été trop simple et trop beau. Cela ne pouvait pas être. Songez donc. Si on avait fait cela, le travail aurait été trop facile pour les employés et le public aurait compris quelque chose à notre système d'impôt. Quelle horreur !

Et alors, voici ce que le législateur a imaginé. Pour éviter tout changement dans la valeur du centime départemental et sous prétexte d'écarter une modification du nombre des centimes départementaux qui aurait eu une légère répercussion sur le produit des autres contributions directes (1), l'article 26 de la loi du 29 mars 1914 a maintenu le système des principaux fictifs pour l'établissement des centimes dépar-

(1) On verra plus loin que le législateur n'a pas reculé devant la crainte de modifier la valeur du centime communal. Le législateur jugeait-il donc les conseillers généraux moins capables de mettre un budget sur pieds que les conseillers municipaux ?

tementaux sur la contribution foncière. Cet article 26 se compose de deux longues phrases absolument intelligibles. Du moins, j'avoue que je ne les ai pas comprises, bien que j'aie une certaine habitude d'expliquer les lois et que je me sois quelque peu spécialisé dans les études de législation financière. Il m'a fallu demander à un haut fonctionnaire comment son administration allait s'y prendre pour faire passer cette disposition dans la pratique. C'est alors seulement que j'ai pu me rendre compte de la portée de ce texte. La voici :

Dans l'ensemble de chaque département, *le chiffre total du principal fictif reste le même*. Mais ce total est partagé entre la propriété bâtie et la propriété non bâtie proportionnellement au revenu imposable de chacune de ces deux sortes de propriété.

C'est ce que l'on appelle la *péréquation*. D'après l'article 27 de la loi, les conseils généraux ont la faculté ou bien de la réaliser immédiatement dès l'année 1915, ou bien de la réaliser par étapes en l'échelonnant sur une période de dix ans au plus.

Un exemple fera comprendre la portée de ces dispositions. Dans la Vienne, le principal fictif de la contribution foncière est actuellement de 1.391.764 francs. Ce total n'est pas modifié. Mais il se partagera désormais ainsi : 594.279 francs (au lieu de 359.628 francs) pour la propriété bâtie et 797.425 francs (au lieu de 1.032.076 francs) pour la propriété non bâtie. Cela fait une augmentation de 234.651 francs sur le principal fictif de la propriété bâtie qui a sa contre-partie dans une diminution égale de 234.651 francs sur le principal fictif de la propriété non bâtie.

Or, dans le département de la Vienne, le nombre des centimes additionnels départementaux sur la contribution foncière est actuellement de 86 (exactement 85,97). $\frac{234.651 \times 86}{100}$ = 201.799 francs. Donc, en chiffres ronds, c'est DEUX CENT MILLE FRANCS *que la propriéte non bâtie paiera en moins et que la propriété bâtie paiera en plus* en ce qui concerne la part du département de la Vienne. Voilà le résultat de la péréquation.

Le résultat sera obtenu dès l'année 1915, le Conseil général ayant opté pour la péréquation immédiate. S'il avait échelonné l'opération sur une période de dix ans, la charge reportée de la propriété non bâtie sur la propriété bâtie aurait été de 20.000 francs seulement en 1915, puis de 40.000 en 1916, de 60.000 en 1917, et ainsi de suite ; c'est seulement à partir de 1924 que le chiffre de 200.000 francs aurait été atteint et que la loi de 1914 aurait produit tout son effet.

La conséquence ordinaire (1) de cette péréquation c'est que, dans chaque commune, le poids des centimes départementaux sur la propriété bâtie devient plus lourd tandis que le poids des centimes départementaux sur la propriété non bâtie devient plus léger. Il n'est pas nécessaire d'être grand clerc pour comprendre que dans les villes, où le revenu net de la propriété bâtie est bien supérieur au revenu net de la propriété non bâtie, la péréquation représente une charge pour le contribuable. Au contraire, dans les campagnes,

---

(1) Je dis *ordinaire* et non pas *nécessaire* : on verra plus loin que certaines communes peuvent se trouver exceptionnellement dans une situation différente.

où le revenu net de la propriété bâtie est de beaucoup inférieur au revenu net de la propriété non bâtie, la péréquation représente pour lui un allégement sensible. Ainsi, dans l'intérieur d'un même département, certaines communes sont dégrevées et d'autres surchargées.

Voici quelques exemples pris dans le département de la Vienne.

Dans la commune de *Poitiers*, la péréquation entraîne une augmentation de 79.338 francs sur la propriété bâtie et une diminution de 712 francs sur la propriété non bâtie. De même à *Châtellerault*, à *Montmorillon*, à *Civray*, la surcharge de la propriété bâtie l'emporte sensiblement sur le dégrèvement de la propriété non bâtie.

Le dégrèvement de la propriété non bâtie est par contre légèrement supérieur à la surcharge de la propriété bâtie à *Loudun*, et dans quelques gros chefs-lieux de canton (*Neuville*, *Mirebeau*.)

Dans les communes rurales enfin, le fait normal est que le dégrèvement de la propriété non bâtie l'emporte de beaucoup. Dans la commune de *Nouaillé*, que j'ai déjà prise comme exemple, la péréquation entraîne une surcharge de 310 francs sur la propriété bâtie et un dégrèvement de 2.368 francs sur la propriété non bâtie.

Ce changement, dont l'importance peut effrayer au premier abord, n'est que justice. En voici la preuve. Dans la Vienne, la propriété bâtie, pour un revenu net de 12.730.000 francs environ, paie en 1914, sous forme de centimes départementaux, 309.172 francs.

La propriété non bâtie, dont le revenu net est de 17 millions en chiffres ronds d'après la récente évaluation, paie en 1914, sous forme de centimes départementaux, 887.275 francs. La première donne en moyenne au département moins de 2,5 0/0 de son revenu, la seconde plus de 5 0/0 de son revenu. Désormais, ces deux sortes de propriétés contribueront dans la même proportion aux dépenses du département.

Dans quelle mesure la propriété non bâtie va-t-elle être dégrevée pour l'ensemble de la France, en ce qui concerne les centimes départementaux ? Pour l'année 1912, le produit des centimes départementaux s'est élevé, en chiffres ronds, à 55 millions pour la propriété bâtie et à 87 millions pour la propriété non bâtie. Si la péréquation immédiate avait été votée partout, il est vraisemblable que la propriété non bâtie aurait été dégrevée, dès l'année 1915, d'une vingtaine de millions qui auraient été reportés sur la propriété bâtie. Mais la majorité des conseils généraux s'étant prononcée, ainsi qu'on va le voir, pour la péréquation par étapes successives, ce résultat ne sera obtenu, malheureusement pour l'agriculture française, que dans une dizaine d'années.

VIII. — La péréquation immédiate ou par étapes successives.

Il convient ici d'entrer dans quelques détails sur l'usage que les divers conseils généraux ont fait de la faculté, qui leur a été laissée par l'article 27 de la loi du 29 mars 1914, d'opter entre la péréquation immédiate (dès 1915) et la péréquation par étapes successives (dans un délai de dix ans au maximum).

En écrivant, dans cet article 27, que les conseils généraux exerceraient leur option « au cours de la seconde session de 1914 », le législateur avait montré une imprévoyance manifeste. Les nouveaux principaux fictifs doivent servir également de base pour le calcul des centimes communaux. Or les conseils municipaux doivent normalement voter leur budget primitif de 1915 au cours de la session de mai 1914 Fixer au mois d'août ou de septembre le moment où les conseils généraux devraient prendre une décision, c'était mettre pratiquement les conseils municipaux dans l'impossibilité de voter le budget communal à la session de mai.

Aussi le ministère de l'Intérieur a-t-il pris très sagement l'initiative d'inviter, malgré les termes de l'article 27, les conseils généraux à statuer dès leur première session de 1914 (laquelle a été reportée cette année d'avril en mai par suite des élections législatives).

Ceux-ci, surpris par cette question dont ils ignoraient les premiers éléments, ont été quelque peu désemparés. La plupart d'entre eux, néanmoins, ont pris une résolution immédiatement, comprenant qu'il importait pratiquement avant tout de donner à l'administration et aux conseils municipaux le temps de se retourner et de permettre aux maires d'obtenir dès maintenant dans les bureaux de la préfecture des renseignements certains. Quelques-uns, par contre, ont tenu à prendre le temps de réfléchir plus longuement. Peut-être voulaient-ils aussi, avant de se décider, voir ce que feraient les autres assemblées départementales.

Quoi qu'il en soit, il y a quinze départements dans lesquels aucune décision ferme n'avait encore été prise au mois de juin 1914. En voici la liste : *Ain, Aisne, Calvados, Drôme, Indre-et-Loire, Isère, Jura, Loir-et-Cher, Loiret, Lot, Lozère, Meuse, Saône-et-Loire, Seine, Seine-Inférieure.* Dans certains, cependant, la question, sans avoir été définitivement tranchée, a été préjugée : le conseil général du Jura paraît disposé à échelonner la réforme sur 2 ou 3 ans ; celui de la Lozère penche également vers une réforme par étapes successives.

Mais qu'ont fait les autres conseils généraux et par quelles raisons se sont-ils décidés dans un sens ou dans l'autre ?

Le ministère de l'Intérieur a fait tout ce qui était en son pouvoir pour amener les conseils généraux à échelonner la réforme sur une période de dix ans. Une circulaire très catégorique a été adressée en ce sens par le ministre de l'Intérieur aux préfets dès le début du mois de mai 1914. Les directeurs départementaux des contributions directes, obéissant naturellement aux ordres reçus, ont fait leurs propositions en ce sens.

Les raisons qui ont décidé l'Administration centrale à prendre ainsi parti dans une question dont le législateur avait abandonné la solution aux assemblées départementales sont assez obscures. Peut-être le ministère de l'Intérieur a-t-il voulu limiter le plus possible le changement apporté dans la valeur du centime communal, de peur de mettre les municipalités dans l'embarras: les fonctionnaires de l'Administration centrale s'exagèrent volontiers l'incapacité des maires: la bureaucratie a sur ce point des illusions auxquelles elle tient parce qu'elles sont en harmonie avec ses tendances centralisatrices. Peut-être le ministère de l'Intérieur a-t-il tout simplement obéi aux suggestions du ministère des Finances qui avait, pour reculer l'heure de la justice fiscale, des raisons de derrière la tête qu'il ne désirait pas faire connaître aux maires et aux conseillers généraux.

Quoi qu'il en soit, les préfets et les directeurs départementaux des contributions directes ont fait tout leur possible et, dans plus de la moitié des départements, le conseil général a obéi docilement aux suggestions de l'administration. Certains conseils généraux ont adopté, les yeux fermés, les propositions des contributions directes, aucun de leurs membres n'étant disposé à se donner la peine de faire une étude personnelle d'une question réputée obscure et difficile. D'autres ont suivi un rapporteur qui représentait un canton où la réforme avait pour résultat de rendre plus lourd le poids des centimes départementaux et qui savait très bien ce qu'il faisait en plaidant pour ses électeurs. Quarante-huit départements ont ainsi adopté la péréquation échelonnée sur une période de dix ans : *Allier, Basses-Alpes, Hautes-Alpes, Ardèche, Ardennes, Aude, Aveyron, Bouches-du-Rhône, Cher, Corrèze, Corse, Côte-d'Or, Côtes-du-Nord, Doubs, Eure, Finistère, Gers, Gironde, Hérault, Ille-et-Vilaine, Indre, Loire, Haute-Loire, Loire-Inférieure, Lot-et-Garonne, Manche, Marne, Haute-Marne, Nièvre, Nord, Orne, Pas-de-Calais, Basses-Pyrénées, Hautes-Pyrénées, Pyrénées-Orientales, Belfort, Rhône, Haute-Saône, Haute-Savoie, Seine-et-Marne, Seine-et-Oise, Somme, Tarn, Var, Vaucluse, Vendée, Vosges, Yonne.*

Mais ailleurs, l'Administration a trouvé à qui parler et la cause de la justice et des campagnes a triomphé. Dans certains départements, on a fait une cote mal taillée et la lutte s'est terminée par une transaction ; 8 ans dans l'*Ariège* ; 5 ans dans la *Charente*, la *Charente-Inférieure*, l'*Eure-et-Loir* et les *Landes* ; 4 ans dans l'*Aube* ; 2 ans dans le *Morbihan*. Mais dans 17 départements, la péréquation immédiate a été votée. En voici la liste : *Alpes-Maritimes, Cantal, Creuse, Dordogne, Gard, Haute-Garonne, Maine-et-Loire, Mayenne, Meurthe-et-Moselle, Oise, Puy-de-Dôme, Sarthe, Savoie, Deux-Sèvres, Tarn-et-Garonne, Vienne, Haute-Vienne.* On peut remarquer que la plupart de ces départements se trouvent dans le centre et dans l'ouest de la France. Quelques-uns sont dans des régions qui ne sont pas précisément réputées pour incliner vers les idées radicales(Poitou, Maine, Anjou, Périgord ; de même, les départements de Meurthe-et-Moselle, de la Savoie et des Alpes-Maritimes).

A quelles raisons ont obéi les conseils généraux qui ont ainsi fait preuve d'indépendance envers l'Administration ? Ces raisons sont très simples et très claires.

D'abord, une raison de *justice*. En votant la péréquation immédiate, le conseil général faisait pour le département ce que le législateur avait fait pour le pays tout entier en ce qui concerne la part de l'Etat : il rétablissait l'égalité entre la propriété bâtie et la propriété non bâtie. Pourquoi prolonger une inégalité quand on peut la faire disparaître tout de suite ? Pourquoi mesurer parcimonieusement la justice aux agriculteurs, en la leur distribuant *par petits paquets*, quand on peut la leur donner complètement et immédiatement ? Aucune bonne raison ne peut être opposée à une solution si équitable.

Ensuite, l'*intérêt de l'agriculture*. Si les villes ont intérêt à retarder le plus possible l'heure de la réparation, les campagnes ont tout avantage à ce que cette réparation se fasse immédiatement. Pour elles, l'heure n'a que trop tardé. Il faut songer que tout ce qui est payé en plus par la propriété bâtie est payé en moins par la propriété non bâtie. Plus les maisons sont grevées, plus les terres sont dégrevées. Les citadins, qui cessent de profiter d'une injustice, n'ont pas le droit de se plaindre. Les campagnards, auxquels le législateur a promis la justice fiscale, ont celui d'être impatients.

La péréquation immédiate est aussi un *acte de bonne politique et de bonne administration*. Etant donné qu'il faut toujours finir, un peu plus tôt ou un peu plus tard, par arriver à la péréquation, mieux vaut

l'accepter franchement et tout de suite que de résister
pied à pied dans une lutte où on doit finir fatalement
par succomber. Ceux-là ont mauvaise grâce qui cher-
chent à profiter de l'injustice le plus longtemps possible. Les assemblées départementales qui ont voté la
péréquation échelonnée se sont exposées pour l'avenir
aux récriminations amères et aux discussions vio-
lentes. Beaucoup plus sages ont été celles qui ont eu
le courage de trancher tout de suite dans le vif. Au
point de vue administratif d'ailleurs, il est beaucoup
plus simple de fixer dès 1915 la nouvelle valeur du
centime communal que de faire varier chaque année
pendant dix ans la valeur de ce centime et d'obliger
ainsi les conseils municipaux à remanier constam-
ment leurs budgets.

Il y a enfin les raisons que l'on ne dit pas. L'intérêt
du Trésor et l'intérêt local sont souvent en lutte. Si le
ministère des Finances a cru qu'il était de son intérêt
de préconiser la péréquation échelonnée, les conseillers généraux, défenseurs naturels des intérêts
locaux, ont pu trouver la péréquation immédiate plus
favorable aux départements et aux communes (1). Les
raisons que l'on n'avoue pas, pour ne pas donner
l'éveil à l'adversaire, sont parfois les plus puissantes.

(1) Voir plus loin, XI.

IX. — Les centimes communaux.

Les centimes communaux étant calculés sur le même principal que les centimes départementaux, la question se trouve en grande partie élucidée, en ce qui les concerne, par les observations qui précèdent. La péréquation, immédiate ou échelonnée, affecte les centimes communaux de la même façon que les centimes départementaux.

Il convient toutefois de noter deux différences essentielles :

1° La réforme des centimes départementaux, sans effet d'un département à l'autre, entraîne des déplacements d'impôts d'une commune à l'autre dans l'intérieur du département. La réforme des centimes communaux, au contraire, est sans effet d'une commune à l'autre ; les déplacements d'impôts qu'elle entraîne se produisent simplement d'un contribuable à l'autre dans l'intérieur de la commune. L'opposition d'intérêts entre les villes et les campagnes n'existe plus ; il y a seulement, dans le sein de la même commune, une opposition d'intérêts entre propriétaires de maisons et propriétaires de terres. Mais comme le plus souvent ceux qui possèdent une maison dans une commune rurale y possèdent également des terres, ce sera fréquemment le même contribuable, qui se trouvera dégrevé d'un côté et grevé de l'autre.

2° Si la valeur du centime départemental ne varie pas du chef de la réforme, la valeur du centime communal varie sensiblement, un peu plus en cas de péréquation immédiate, un peu moins en cas de péréquation échelonnée. Mais il y a toujours une variation, plus ou moins importante.

Cette modification de la valeur du centime n'augmente ni ne diminue les charges communales. Ces charges dépendent, en effet, non de la valeur du centime, mais de la somme dont le conseil municipal a besoin pour équilibrer le budget et faire face aux dépenses communales.

Exemple : une commune a besoin de 3.000 francs. Actuellement son centime vaut 50 francs : le conseil municipal vote 60 centimes. Si la valeur du centime tombait à 40 francs, le conseil municipal devrait voter 75 centimes. Si elle s'élevait à 60 francs, il lui suffirait d'en voter 50. Mais dans tous les cas le résultat est le même :

$$(90 \times 60) = (40 \times 75) = (60 \times 50) = 3.000.$$

Au fond, la commune ne perd ni ne gagne à ce changement, *directement* tout au moins. On verra un peu plus loin (XI) qu'*indirectement* cette modification de la valeur du centime peut exercer, par contre-coup, une certaine influence sur les charges de la commune.

Pour ne pas compliquer le raisonnement, je ferai abstraction de ces conséquences indirectes de la variation de la valeur du centime. Je supposerai également que le conseil municipal demande exactement la même somme aux contribuables en 1915 qu'en 1914. Quelle va être, dans chaque commune, la conséquence de la réforme pour les contribuables en ce qui concerne les centimes communaux ?

Quatre cas peuvent se présenter.

A. — *Le principal fictif sur la propriété bâtie augmente et le principal fictif sur la propriété non bâtie diminue.* — C'est le cas normal. Il faut sous-distinguer.

a) *La diminution du principal fictif sur la propriété
non bâtie est plus forte que l'augmentation du principal
fictif sur la propriété bâtie.* — C'est le cas le plus fréquent,
celui qui se présentera dans les deux tiers des communes du département de la Vienne. Dans cette
hypothèse, la valeur du centime diminue. Le conseil
municipal doit voter un plus grand nombre de centimes. Par suite, tandis que le poids des centimes
communaux diminue sur la propriété non bâtie, il
augmente sur la propriété bâtie, sur les portes et
fenêtres, sur la contribution personnelle et mobilière
et sur les patentes.

Je prends comme exemple la commune de Nouaillé
dont j'ai déjà parlé. En 1914, le poids des centimes
communaux (5 centimes ordinaires (1) + 49 c. 03 sur
les quatre contributions), dont le total s'élève à
3 141 francs, est ainsi réparti entre les quatre contributions :

Foncière bâtie. . . .	274,47
Foncière non bâtie . .	2.016,40
Personnelle mobilière. .	493,83
Portes et fenêtres . . .	286.82
Patentes	69,85
Total . . .	3.141,37

En 1915, le poids des centimes communaux (5 cen-

---

(1) Les cinq centimes ordinaires ne portent que sur les deux
premières contributions (foncière et personnelle mobilière).

times ordinaires -+- 86 centimes sur les quatre contributions) sera réparti ainsi :

Foncière bâtie..	793
Foncière non bâtie . . .	889
Personnelle mobilière . .	832
Portes et fenêtres.. . . .	504
Patentes..	123
Total	3.141

Cet exemple nous montre la propriété non bâtie bénéficiant d'un *troisième dégrèvement* portant sur les centimes communaux, qui vient s'ajouter au dégrèvement portant sur la part de l'Etat et au dégrèvement portant sur les centimes départementaux. Dans la commune de Nouaillé, la terre sera ainsi finalement dégrevée de :

2.962,43	part de l'Etat.
2.368,18	part du département.
1.127,40	part de la commune.
6.458,01	total du dégrèvement.

Les terres de Nouaillé paieront, en 1915, **2.759,17**, *au lieu de* **9.217,18** en 1914. En chiffres ronds, le champ qui payait 100 francs d'impôts n'en paiera plus que 30 (1).

b) *L'augmentation du principal fictif sur la pro-*

----

(1) Et encore, pour être complet, il faudrait tenir compte de la répercussion exercée sur la *taxe vicinale*, laquelle ferait apparaître un *quatrième dégrèvement*. (Voir plus loin, X.) On voit par là que la réforme porte beaucoup plus loin que le législateur ne l'avait sans doute prévu.

priété bâtie est plus forte que la diminution du principal fictif sur la propriété non bâtie. — Ce cas se produit dans les villes et aussi dans quelques communes rurales peu étendues (exemples : Chabournay, La Villedieu) où la valeur de la propriété non bâtie est, par suite, relativement faible par rapport à celle de la propriété bâtie (1).

Dans cette hypothèse, la valeur du centime communal augmente, et le nombre des centimes communaux diminue. Le poids des centimes communaux devient plus lourd pour la propriété bâtie, mais plus léger pour la propriété non bâtie, la contribution mobilière, les portes et fenêtres et les patentes.

Je prends comme exemple la ville de Poitiers. Pour l'année 1914, le poids des centimes communaux (5 centimes ordinaires + 50 c. 13 sur les quatre contributions) s'élève à 266.877 fr. 87 ainsi répartis :

Foncière bâtie.	53.419,32
Foncière non bâtie. . . .	5.214,19
Personnelle et mobilière .	80.726.86
Portes et fenêtres. . . .	51.383,75
Patentes.	76.133,75
Total	266.877,87

(1) Mais ce serait une illusion de considérer les habitants des communes rurales en question comme des victimes de la réforme. Il faut envisager non pas l'apparence, mais la réalité. Les champs des habitants de Chabournay et de la Villedieu, par exemple sont en grande partie situés sur le territoire des communes voisines, précisément parce que ces communes sont peu étendues. Ces propriétaires sont ainsi inscrits souvent sur les rôles de plusieurs communes. Par suite, il faut additionner les avertissements pour voir dans quelle mesure la situation de chacun d'eux se trouve modifiée par la réforme.

En 1915, si le Conseil municipal de Poitiers demande aux contribuables sous forme de centimes la même somme qu'en 1914, le centime valant 5.985 fr. au lieu de 5.071 francs, il lui suffira de voter, en plus des cinq centimes ordinaires, un peu moins de 42 c. En prenant le chiffre rond de 42 centimes, on obtient les totaux suivants :

Foncière bâtie.	88.900
Foncière non bâtie.	4.055
Personnelle et mobilière . .	68.821
Portes et fenêtres. . . .	43.050
Patentes.	63 786
Total.	268.612

Il y aurait ainsi à Poitiers, en chiffres ronds, en ce qui concerne les centimes communaux, une augmentation de 33.000 francs sur la foncière bâtie, qui aurait sa contre-partie dans une diminution de 1.000 francs sur la foncière non bâtie, de 12.000 francs sur la personnelle mobilière, de 8.000 francs sur les portes et fenêtres et de 12.000 francs sur les patentes.

Ceci, bien entendu, en supposant que le Conseil municipal profite de l'augmentation de la valeur du centime pour réduire le nombre des centimes. S'il conservait en 1915 le même nombre de centimes qu'en 1914, il augmenterait, sans en avoir l'air, les charges communales de 48.000 francs environ.

B. — *Le principal fictif augmente à la fois sur la propriété bâtie et sur la propriété non bâtie.* — Ce cas se présente dans une cinquantaine de communes de la Vienne, situées principalement dans les arrondissements de Civray et de Montmorillon. Ce sont des communes dont le territoire était en brandes au début du siècle dernier, lors de la confection du cadastre, et où, par suite, l'impôt foncier était très léger. La nouvelle évaluation des propriétés non bâties a eu pour résultat de relever sensiblement le revenu net imposable de la propriété non bâtie et par suite le chiffre de la contribution foncière.

Dans ces communes, le résultat de la réforme est le suivant en ce qui concerne la part de la commune. La valeur du centime augmente. La propriété foncière (bâtie et non bâtie) supporte une plus forte proportion des charges communales. Par contre, le nombre des centimes diminue et par suite le poids des trois autres contributions directes devient moins lourd pour le contribuable.

C. — *Le principal fictif diminue à la fois sur la propriété bâtie et sur la propriété non bâtie.* — Ce cas est exceptionnel. Il se rencontre à Avanton et dans quatre communes du canton de Vouillé. La valeur du centime diminue. La propriété foncière (bâtie ou non) supporte dans une proportion plus faible les charges communales. Par suite, le nombre des centimes augmente et le poids des trois autres contributions directes devient plus lourd pour le contribuable.

D. — *Le principal fictif de la propriété bâtie diminue et le principal fictif de la propriété non bâtie augmente.* — Ce cas est encore plus exceptionnel que le précédent. Il faut sous-distinguer comme dans le premier cas :

a) *La diminution du principal fictif sur la propriété bâtie est plus faible que l'augmentation du principal fictif sur la propriété non bâtie.* — Ce cas se rencontre dans la commune de Pouillé (arrondissement de Poitiers). Conséquences : augmen tation de la valeur du centime et diminution du nombre des centimes. La propriété bâtie supporte une part moins considérable des charges communales. Le poids des trois autres contributions directes devient également moins lourd. Le tout au détriment de la propriété non bâtie qui, seule, voit augmenter sa part dans les charges communales.

b) *La diminution du principal fictif sur la propriété bâtie est plus forte que l'augmentation du principal fictif sur la propriété non bâtie.* — Dans ce cas, la valeur du centime diminuerait et le nombre des centimes augmenterait. La propriété bâtie seule supporterait une part moins lourde des charges communales. Ce qu'elle cesserait de payer se trouverait reporté sur la propriété non bâtie et sur les trois autres con- tributions directes. Mais peut-être ce cas est-il purement théorique : du moins je n'en connais pas d'exemple.

Voilà toutes les hypothèses possibles. Il appartient à chaque maire de voir quelle est celle qui s'applique à sa commune et d'établir en conséquence le projet de budget communal.

A combien peut s'élever, pour la France entière, le dégrèvement de la propriété non bâtie en ce qui concerne la part des communes ? Il est bien difficile de le prévoir, même approximativement. En 1912, le produit des centimes communaux sur la propriété non bâtie s'est élevé à 71.310.365 francs. Il tomberait à 60, peut-être même à 50 millions en 1915, que cela ne serait pas autrement surprenant. Mais ce ne sont là évidemment que des suppositions : l'avenir seul pourra les démentir ou les vérifier.

X. — La répercussion sur la taxe vicinale.

L'article 5 de la loi du 31 mars 1903 a donné autrefois aux conseils municipaux la faculté de remplacer en totalité ou en partie la taxe des prestations par une taxe vicinale représentée par des centimes additionnels aux quatre contributions directes. Les communes qui ont usé de cette faculté sont devenues de plus en plus nombreuses d'année en année, la réforme ayant fait *tache d'huile*, comme cela était à prévoir (1) ; aujourd'hui, la taxe vicinale fonctionne dans plus de la moitié des communes rurales. En 1913, 16.070 communes seulement avaient conservé les prestations en totalité, 2.339 les avaient remplacées en partie par une taxe vicinale, 16.861 communes avaient opté pour le emplacement intégral (2).

La même répercussion qui s'opère sur les centimes communaux proprement dits se produit en ce qui concerne ceux qui représentent la taxe vicinale. Les diverses hypothèses envisagées précédemment se représentent ici et elles comportent les mêmes conséquences. La propriété non bâtie bénéficie ainsi d'un quatrième dégrèvement qui s'ajoute à ceux portant sur la part de l'Etat, sur les centimes départementaux et sur les centimes communaux.

(1) Voir mon article de la *Revue politique et parlementaire* du mois de mai 1906.

(2) *Annuaire de l'Administration des contributions directes*, 1914, p. 184-185.

L'importance de ce dégrèvement est également impossible à préciser à l'avance. L'*Annuaire de l'Administration des contributions directes* nous l'apprendra en 1916. On peut tout au plus prévoir très approximativement l'importance du changement en se basant sur la situation actuelle.

En 1913, le produit de la taxe vicinale dans l'ensemble de la France était ainsi réparti entre les quatre contributions :

Propriétés bâties. . .	3.359.338 fr. 13
Propriétés non bâties. .	15.485.552 fr. 42
Personnelle et mobilière.	4.464.629 fr. 51
Portes et fenêtres. . .	2.945.282 fr. 63
Patentes.	2.825.021 fr. 40
Total. .	29.302.050 fr. 22

Il n'est pas excessif de prévoir que la part de la propriété non bâtie dans la taxe vicinale se trouvera réduite d'un bon tiers, peut-être même de moitié. Encore 6 ou 7 millions d'impôt que la terre paiera en moins et qui se trouveront reportés sur les autres contributions, principalement sur la propriété bâtie. Mais ce déplacement d'impôt se produisant simplement dans l'intérieur même de la commune, les effets en seront pratiquement assez limités, le même contribuable perdant souvent d'un côté ce qu'il gagne de l'autre.

Il y a toutefois un contribuable auquel ce changement apportera un bénéfice net. Ce contribuable n'est autre que l'Etat lui-même. Les *bois de l'Etat*, qui ne sont pas assujettis à la contribution foncière, supportent néanmoins les centimes départementaux et communaux et la taxe vicinale. Ils ont ainsi payé en 1913 :

Centimes départementaux.	1.302.601 fr. 15
Centimes communaux. .	1.088.229 fr. 25
Taxe vicinale.	222.826 fr. 13
Total. .	2.613.647 fr. 23

La charge supportée par les bois de l'Etat se trouverait réduite de un million en 1915 que cela n'aurait rien de surprenant. Voilà pour l'Etat un petit bénéfice auquel n'ont sans doute pas pensé les membres du Parlement en votant la loi du 29 mars 1914 !

XI. — Et les barèmes ?

Mais voici un oubli beaucoup plus grave et, il faut le reconnaître, quelque peu menaçant pour l'équilibre du budget de l'Etat.

Il y a toute une série de dépenses qui sont partagées entre l'Etat, les départements et les communes suivant certains barèmes. Ce sont notamment celles qui résultent des lois dites sociales : assistance médicale gratuite, assistance aux vieillards, infirmes incurables, assistance aux familles nombreuses et aux femmes en couche. Pour l'établissement de ces barèmes, on s'est attaché à la valeur du centime communal et au nombre des centimes. Le changement apporté dans la valeur du centime communal va avoir pour résultat de modifier la part de chacune de ces trois personnes morales dans la dépense.

Exemple. Voici la commune de Nouaillé où le centime vaut actuellement 56 francs environ et où le nombre des centimes communaux s'élève à 54. Sa part dans les dépenses d'assistance médicale gratuite est de 30 0/0. La valeur du centime tombant à 35 francs alors que le nombre des centimes communaux dépassera 90, la part de cette commune dans les dépenses d'assistance médicale gratuite va se trouver réduite à 25 0/0. De même, pour l'assistance aux vieillards, sa part va tomber de 20 0/0 à 15 0/0. Pour l'assistance aux familles nombreuses et aux femmes en couches, elle tombera d'une part de 6 0/0 à 4 0/0 (tableau I), et de l'autre de 11 0/0 à 5 0/0 (tableau II), soit 8 0/0 en moins au total (1). Ce que la commune paiera en moins sera payé en plus par le département, lequel recevra lui-même de l'Etat une subvention plus forte.

Il est vrai qu'il y a des communes où la valeur du centime augmentera au lieu de diminuer et où il semblerait par suite que le résultat inverse doive se produire, ce qui, pour l'Etat, ferait compensation. Mais il faut faire bien attention à ceci : lorsque la valeur du centime dépasse un certain chiffre (900 francs pour l'assistance médicale gratuite et pour l'assistance aux vieillards, 0,20 (2) pour l'assistance aux familles nombreuses et aux femmes en couches) la part de la commune cesse d'augmenter. Or c'est surtout dans les villes que la valeur du centime augmentera et, dans les villes, ce maximum se trouve déjà dépassé. L'Etat n'a donc guère à gagner d'un côté s'il a beaucoup à perdre de l'autre.

Le danger pour les finances publiques est beaucoup plus grand qu'on ne se l'imagine. La part des localités dans la dépense des lois sociales se trouvant réduite, les autorités locales auront naturellement une tendance à se montrer encore plus larges que par le passé. Il est si facile et si tentant d'être généreux avec la bourse d'autrui ! Que pourront répondre dans les campagnes les maires, les membres des bureaux d'assistance et les conseillers municipaux aux gens qui

---

(1) Pour comprendre ceci, il faut se reporter aux barèmes annexés à la loi du 14 juillet 1913.

(2) Il s'agit dans ce cas du *centime démographique* : le centime démographique s'obtient en divisant le centime communal par le nombre des habitants de la commune.

leur demanderont leur inscription sur la liste d'assistance médicale gratuite ou sur la liste d'assistance aux vieillards en disant : « Qu'est-ce que cela
peut vous faire ? La commune ne paiera presque rien.
Vous pouvez bien augmenter le nombre des assistés
puisqu'elle paie moins pour chacun. » Et ainsi les abus
iront en se multipliant. Les finances de l'Etat en
souffriront doublement : l'Etat supportera, dans une
proportion plus forte qu'auparavant, une dépense qui
sera au total plus lourde que par le passé.

Ce ne serait pas sans doute à moi d'écrire cela. Un
maire de campagne qui dit ces choses « prêche contre
son saint ». Mais l'intérêt local n'est pas tout et je suis
bien obligé de reconnaître qu'on ne peut tout de même
pas sacrifier les intérêts généraux du pays à ceux des
petites communes.

XII. – La revision des évaluations.

La transformation de la contribution foncière en un impôt de quotité a pour corollaire la revision périodique des évaluations. C'est là une opération capitale.

La loi du 8 août 1890, qui a transformé la contribution foncière des propriétés bâties en un impôt de quotité, a décidé que cette revision aurait lieu tous les dix ans. Une première revision a été opérée en 1900. La seconde a été effectuée en 1910. Malheureusement, les propriétaires, en général, ont le tort de se désintéresser beaucoup trop de ces opérations, cependant si importantes pour eux. Les deux revisions des évaluations des propriétés bâties qui ont eu lieu jusqu'ici n'ont pas été faites avec assez de soin. Dans les villes, où quantité de maisons font l'objet d'un acte de location, la revision se fait sans doute sérieusement, du moins en ce qui concerne les maisons louées. Mais dans les campagnes, où il y a très peu de maisons louées, la revision n'a jamais eu lieu que pour la forme. En pratique, voici comment les choses se sont passées presque partout. Au moment de sa tournée annuelle, le contrôleur disait au maire : « A propos, pour les maisons, pas de changement ? » — « Non, répondait ingénument le maire, qui ne se doutait pas de quoi il s'agissait. » — « Eh bien ! signez. » Le maire signait et les contribuables étaient bouclés pour dix ans. Et c'est ainsi que, dans bien des campagnes, on a conservé depuis 1890 leur valeur locative ancienne à nombre de vieux *logis* délabrés qui furent autrefois habités bourgeoisement et qui sont aujourd'hui occupés par des fermiers ou des métayers. De là résulte que la valeur locative des maisons est d'ordinaire grandement exagérée dans les communes rurales.

Un exemple montrera l'importance de ces exagérations. Lors de la dernière revision décennale, j'ai tenu la main à ce que le travail fût fait sérieusement dans la commune de Mignaloux-Beauvoir. Pour cela, je me suis donné la peine de le préparer moi-même. Conséquence : le revenu net imposable de la propriété bâtie, qui était de 16.331 fr. 25 en 1909, est tombé à 14.988 fr. 75 en 1911. Le principal de l'impôt qui dépassait 520 francs est tombé à 480 francs, sans parler de la répercussion que cette diminution a eue sur les centimes d'Etat, et de l'avantage que les contribuables en retireront lorsqu'ils auront à payer les droits de succession. L'économie pour les contribuables de ma commune se trouvera encore bien plus sensible à partir de 1915, lorsque le principal sera porté à 4 0/0 et lorsque les centimes départementaux et communaux seront établis à proportion du revenu net des propriétés bâties. Je suis persuadé que, dans la plupart des communes rurales, il aurait été possible d'en faire autant et de procurer aux contribuables trop chargés un dégrèvement analogue. Malheureusement, presque partout, on s'est borné à maintenir le *statu quo*.

La loi du 29 mars 1914, en transformant à son tour la contribution foncière des propriétés non bâties en un impôt de quotité, a également posé pour l'avenir le principe des revisions périodiques (art. 7 à 14).

D'après l'article 7, les évaluations devront être *revisées tous les vingt ans.* Dans chaque département, les communes seront réparties en vingt séries, et chaque année, les évaluations de la propriété non bâtie seront revisées dans une de ces séries.

Cette répartition sera également utilisée pour la revision des évaluations des propriétés bâties. Celleci n'aura plus lieu partout la même année. Les séries seront groupées deux par deux et chaque année on fera la revision décennale de l'évaluation de la propriété bâtie dans deux séries. Les choses seront arrangées de telle sorte que, une fois sur deux, la revision décennale de l'évaluation des propriétés bâties coïncidera, dans chaque commune, avec la revision de l'évaluation des propriétés non bâties, laquelle n'aura lieu que tous les vingt ans, ainsi qu'il a été dit plus haut.

L'année 1920 formera le point de départ de ces revisions annuelles (art. 29 .

Cette disposition, aussi ingénieuse que raisonnable, a pour objet de faciliter le travail des contrôleurs. Ceux-ci, au lieu d'être obligés de faire la revision la même année dans toutes leurs communes et d'être surchargés de besogne à ce moment-là, consacreront chaque année quelques semaines à reviser les évaluations dans un petit nombre de communes seulement. Ils pourront ainsi prendre leur temps et faire le travail avec plus de soin. L'Administration des contributions directes compte bien sans doute aussi que l'Etat y gagnera et que beaucoup moins de choses échapperont aux investigations des contrôleurs. C'est une raison de plus pour que les municipalités, de leur côté, re-

doublent de vigilance et préparent longuement la dé-
fense des contribuables lorsqu'elles verront approcher
l'année noire. Cette année noire peut être aussi *l'année
blanche* si elles savent et si elles veulent faire leur de-
voir.

A l'avenir, l'année de la revision sera pour les propriétaires fonciers une époque décisive. *C'est la date
que chacun devra avoir continuellement présente à l'esprit.*

LOI DU 29 MARS 1914

Concernant la contribution foncière des propriétés bâties et non bâties et l'impôt sur le revenu des valeurs mobilières françaises et étrangères.

TITRE Ier.

CONTRIBUTION FONCIÈRE DES PROPRIÉTÉS NON BATIES.

Bases de l'impôt.

Article 1er. — A partir du 1er janvier 1915, il ne sera plus assigné de contingents aux départements, arrondissements et communes pour l'établissement de la contribution foncière des propriétés non bâties, qui cessera d'être un impôt de répartition.

Art. 2. — La contribution foncière des propriétés non bâties sera réglée, à partir de la même date , en raison du revenu de ces propriétés, tel qu'il résulte des tarifs établis, par natures de culture et de propriété, en exécution de l'article 3 de la loi du 31 décembre 1907 et conformément aux règles tracées par l'instruction ministérielle du 31 décembre 1908 ; pour le calcul des cotisations, ledit revenu sera diminué d'un cinquième.

Art. 3. — Les sols des bâtiments de toute nature et les terrains formant une dépendance indispensable et immédiate de ces constructions ne seront plus assujettis à la contribution foncière des propriétés non bâties ; leur valeur locative entrera, le cas échéant, dans l'estimation du revenu servant de base à la contribution foncière des propriétés bâties afférente aux constructions.

Art. 4. — Les dispositions de l'article précédent, relatives aux sols de bâtiments, seront applicables aux emplacements utilisés pour un usage commercial ou industriel, lesquels continueront à être imposés à la contribution foncière des propriétés bâties en vertu de l'article 1er de la loi du 29 décembre 1884.

Art. 5. — Lorsqu'une propriété deviendra passible de la contribution foncière des propriétés non bâties, soit pour la première fois, soit après avoir cessé temporairement d'y être assujettie, notamment lorsqu'elle ne rentrera plus dans la catégorie des terrains visés aux articles 3 et 4 de la présente loi, il lui sera attribué une évaluation fixée d'après les tarifs arrêtés pour les propriétés de même nature existant dans la commune, ou, s'il n'en existe pas de telles, d'après un tarif établi par comparaison avec ceux qui sont appliqués aux autres propriétés.

Taux de l'impôt.

Art. 6. — Le taux de la contribution foncière des propriétés non bâties est fixé, en principal, à quatre pour cent (4 p. 100) du revenu imposable de ces propriétés déterminé comme il est dit à l'article 2 de la présente loi.

Revision des évaluations.

Art. 7. — Les évaluations servant de base à la contribution foncière des propriétés non bâties seront, dans chaque commune, revisées tous les vingt ans.

A cet effet, les communes de chaque département seront réparties en vingt séries et, chaque année, les évaluations seront revisées dans les communes de l'une de ces vingt séries prises à tour de rôle.

La répartition des communes entre les vingt séries sera réglée par le préfet, sur la proposition du directeur des contributions directes et du cadastre ; en cas de désaccord entre le préfet et le directeur, il sera statué par le ministre des finances.

L'ordre dans lequel les vingt séries seront rangées en vue des opérations de la revision sera ensuite arrêté par le conseil général dans sa première session de l'année 1918. Si le conseil général ne se réunissait pas ou se séparait sans avoir pris de décision à cet égard, l'ordre de succession des revisions serait fixé par le préfet, dans les conditions indiquées au paragraphe précédent.

En cas de création de commune, le préfet fixera la série

dans laquelle la nouvelle commune sera rangée en vue des revisions ultérieures.

Art. 8. — Lors de la revision des évaluations dans chaque commune, le tarif des évaluations et le classement des parcelles par nature de cultures et par classes seront établis par le contrôleur des contributions directes assisté du maire et de cinq classificateurs propriétaires fonciers, dont au moins deux forains, choisis par le préfet sur une liste de dix noms proposés par le Conseil municipal. Lorsque le territoire d'une commune comportera un ensemble de propriétés boisées de cent hectares, au minimum, la commission devra comprendre au moins un classificateur propriétaire de bois ou forêts ; pour l'évaluation des propriétés boisées, il lui sera adjoint un agent du service forestier si l'Administration des eaux et forêts le demande.

A défaut de liste de présentation, les classificateurs seront nommés d'office par le préfet, un mois après mise en demeure de délibérer adressée au conseil municipal.

A Paris, les membres de la commission des contributions directes tiendront lieu de classificateurs.

Un ou plusieurs auxiliaires, nommés par le préfet et rétribués par la commune, pourront être appelés à concourir aux opérations de la revision des évaluations, soit à la demande du conseil municipal, soit d'office en cas de refus des classificateurs de participer au travail.

Art. 9. — Les tarifs des évaluations, par nature de culture et de propriété, qui n'auront pu être arrêtés par le service des contributions directes d'accord avec les classificateurs, seront arrêtés par une commission instituée dans chaque département et composée de la manière suivante :

Le préfet, président ;

Deux conseillers généraux désignés chaque année, pour l'année suivante, par le conseil général, dans sa deuxième session ou, à défaut, par le préfet ;

Le trésorier-payeur général ;

Le directeur des contributions directes et du cadastre ;

Le directeur de l'enregistrement, des domaines et du timbre ;

Le directeur départemental des services agricoles ;

Un représentant d'une association agricole, ou un agriculteur, désigné chaque année par le préfet ;

L'inspecteur des contributions directes et du cadastre, remplissant les fonctions de secrétaire.

Les tarifs arrêtés soit par le service des contributions directes d'accord avec les classificateurs, soit par la commission visée au présent article, seront, par les soins du directeur des contributions directes et du cadastre, notifiés au maire qui devra, dans un délai de cinq jours à compter de cette notification, les faire afficher à la porte de la mairie et adresser au directeur un certificat attestant que cette formalité a été remplie.

Art. 10. — Dans le mois qui suivra l'affichage des tarifs, le maire, dûment autorisé par le conseil municipal, et le directeur des contributions directes et du cadastre pourront respectivement faire appel des décisions de la commission visée à l'article précédent devant une commission centrale, qui statuera définitivement. Cette commission, instituée au ministère des finances, sera composée comme il suit :

Le ministre des finances, ou son délégué, président ;

Un sénateur et deux députés, nommés par décret ;

Le directeur général de la comptabilité publique, ou son délégué ;

Le directeur général des contributions directes et du cadastre, ou son délégué.

Le directeur général de l'enregistrement, des domaines et timbre, ou son délégué.

Un fonctionnaire du ministère de l'agriculture, désigné par le ministre de l'agriculture.

Un employé supérieur de la direction générale des contributions directes et du cadastre, désigné par le ministre des finances, remplira les fonctions de secrétaire avec voix consultative.

Un ou plusieurs employés de la direction générale des contributions directes et du cadastre pourront, en outre, être désignés par le ministre des finances pour assister aux séances de la commission, en qualité de secrétaires adjoints.

Art. 11. — Les propriétaires intéressés seront également admis à contester, dans les conditions et délais prévus à l'article qui précède, les tarifs afférents à une nature de culture ou de propriété. Toutefois, la réclamation produite à cet effet ne sera recevable que si le ou les signataires de la reclamation possèdent plus de la moitié de la superficie des terrains auxquels s'appliquent les tarifs contestés.

Art. 12. — Les résultats des évaluations seront communiqués aux propriétaires qui pourront, dans le délai d'un mois à partir de la réception de la lettre d'avis qui leur sera adressée, réclamer copie du détail des opérations d'évaluation de leurs propriétés. Les intéressés auront un délai de deux mois à dater de la réception de cette copie, ou de trois mois à dater de la réception du premier avis, pour présenter par écrit leurs observations, qui seront soumises à la commission de classement.

La lettre d'avis faisant connaître à l'intéressé les résultats des évaluations de ses propriétés reproduira le présent article.

Art. 13. — Dans chaque commune, le maire, dûment autorisé par le conseil municipal, aura, *jusqu'au 30 juin 1917*, la faculté d'adresser au préfet une demande tendant à ce qu'il soit procédé à une revision de l'évaluation des propriétés non bâties. La demande sera soumise successivement aux deux commissions instituées par les articles 9 et 10 ci-dessus et, sur avis favorable de ces commissions, le ministre des finances pourra prescrire l'exécution de cette revision, qui sera effectuée dans les mêmes conditions que les revisions périodiques.

Jusqu'à la même date, la revision des tarifs afférents à une nature de culture ou de propriété pourra être également demandée par les propriétaires intéressés, à la condition que le ou les signataires de la pétition possèdent plus de la moitié de la superficie des terrains auxquels s'appliquent les tarifs contestés. Il sera statué sur la demande dans les formes prévues au précédent paragraphe.

A partir du 1er juillet 1917, la revision des évaluations dans une commune ne pourra plus être demandée que par le maire autorisé à cet effet par le conseil municipal, et si postérieurement à la dernière évaluation, il s'est produit, par suite de circonstances exceptionnelles. une dépréciation importante et générale des propriétés, soit de la totalité, soit d'une partie notable de la commune. La demande formée à ce sujet sera soumise à la procédure indiquée au 1er paragraphe du présent article et les frais de l'opération seront supportés par la commune.

Si, dans les communes où il aura été fait application des dispositions du paragraphe précédent, un accroissement notable de la valeur des propriétés vient à être constaté ultérieurement, le ministre des finances pourra faire procéder, avant la fin de la période vicennale en cours, à une nouvelle revision des évaluations.

Les évaluations établies dans les cas visés au présent article ne serviront de base à l'impôt que dans les rôles des années postérieures à celle de l'achèvement du travail. Elles seront, en tout état de cause, revisées à l'expiration de la période vicennale en cours, par application de l'article 7 ci-dessus, comme s'il n'avait pas été procédé à une revision spéciale

Art. 14. — Lorsqu'il sera procédé, dans une commune, à l'établissement, à la revision ou au renouvellement du cadastre, l'achèvement des travaux d'art sera suivi d'une évaluation générale des propriétés non bâties dans les conditions prévues par les articles 8 à 12 ci-dessus et les résultats de cette opération serviront de base à la contribution foncière dans les rôles des années postérieures à l'achèvement du travail, jusqu'à l'application des résultats de la plus prochaine revision périodique.

Réclamations.

Art. 15. — Tout propriétaire sera admis à contester la nature de culture et de classement assignés à ses propriétés non bâties dans le délai de six mois à partir de la publication du premier rôle établi d'après les résultats de la nouvelle évaluation ou de trois mois à partir de la publication du rôle suivant.

Art. 16. — Toute réclamation présentée en exécution des

dispositions qui précèdent, alors même qu'elle ne concerne-
rait qu'une ou plusieurs des parcelles cotisées dans un article du rôle, pourra donner lieu à la rectification de la
nature de culture et du classement inexactement attribués à
d'autres parcelles comprises dans le même article, sans toutefois qu'il puisse en résulter une augmentation de la cotisa-
tion inscrite à l'article dont il s'agit. A cet effet, des propositions, accompagnées de l'avis de la commission de classement prévue à l'article 8, seront, le cas échéant, soumises
par l'Administration au tribunal saisi du litige, qui statuera
sur ces propositions en même temps que sur les conclusions
du réclamant.

Art. 17. — Le droit de réclamation des propriétaires
s'exercera dans les conditions et délais fixés par les articles
15 et 16 ci-dessus à la suite de chacune des revisions auxquelles il sera procédé par application des articles 7, 13 et 14
de la présente loi. Il en sera de même lorsqu'une propriété
aura été évaluée par application de l'article 5, mais dans ce
dernier cas les dispositions de l'article 16 ne seront point
applicables.

Art. 18. — Les propriétaires seront admis à demander un changement du classement de leurs propriétés
quand celles-ci auront subi une dépréciation notable et
durable par suite d'événements imprévus, indépendants de
la volonté des intéressés et affectant le fonds même du terrain.
Les réclamations produites à cet effet seront recevables dans
les six mois de la publication du rôle de l'année suivant
celle au cours de laquelle se seront produits les événements
y donnant lieu.

Art. 19. — En dehors des cas prévus aux articles 15 à 18
ci-dessus et de ceux qui, d'après la législation en vigueur, mo-
tivent une exemption temporaire d'impôt, aucune demande
en décharge ou réduction de la contribution foncière des
propriétés non bâties ne sera recevable, sauf dans le cas où
une propriété cessera de faire partie de la matière imposable ou rentrera dans la catégorie des propriétés visées
aux articles 3 et 4 de la présente loi.

Art. 20. — Les réclamations relatives à la contribution
foncière des propriétés non bâties seront présentées, ins-

truites et jugées selon les règles suivies en matière de contribution foncière des propriétés bâties.

CONTRIBUTION FONCIÈRE DES PROPRIÉTÉS BATIES.

Taux de l'impôt.

Art. 21. — A partir du 1ᵉʳ janvier 1915, le taux de la contribution foncière des propriétés bâties sera fixé, en principal, à quatre pour cent (4 0/0) du revenu net de ces propriétés déterminé conformément aux dispositions en vigueur.

Revision des évaluations.

Art. 22. — Dans chaque département les séries de communes formées en vue de la revision périodique du revenu des propriétés non bâties seront groupées deux à deux, et chaque année, la revision décennale du revenu des propriétés bâties, prescrite par l'article 8 de la loi du 8 août 1890, sera effectuée dans les communes de l'un de ces dix groupes. Ces groupes seront constitués et rangés de telle sorte que, dans chaque commune, la revision du revenu des propriétés bâties ait lieu tous les dix ans et que, dans toute commune où sera effectuée la revision du revenu des propriétés non bâties, il soit procédé la même année à la revision du revenu des propriétés bâties.

Lors de la revision périodique prévue au paragraphe précédent, sera considéré comme imposable à la contribution foncière des propriétés bâties l'outillage des établissements industriels attaché au fonds à perpétuelle demeure, dans les conditions indiquées au premier paragraphe de l'article 525 du Code civil ou reposant sur des fondations spéciales faisant corps avec l'immeuble. Les dispositions de l'article 12 de la présente loi seront applicables aux propriétés bâties. Pour les propriétés industrielles, le détail comprendra deux chiffres distincts, l'un concernant le bâtiment, l'autre la partie de l'outillage imposée à la contribution foncière des propriétés bâties.

Art. 23. — Par dérogation aux dispositions de l'article précédent, dans les villes dont la population municipale totale, déterminée par le décret de dénombrement en vigueur lors de la promulgation de la présente loi, dépasse 50 000 habitants, les évaluations assignées aux propriétés bâties seront revisées à l'expiration de la période décennale en cours depuis la dernière revision effectuée en vertu de la loi du 8 août 1890, et ultérieurement à l'expiration de chacune des périodes successives de dix années.

Art. 24. — En cas d'établissement, de revision ou de renouvellement du cadastre dans une commune, il sera procédé à une nouvelle évaluation du revenu des propriétés bâties, conformément aux lois existantes, et les résultats de cette opération serviront de base à la contribution foncière dans les conditions indiquées pour les propriétés non bâties à l'article 14 ci-dessus.

CENTIMES ADDITIONNELS A LA CONTRIBUTION FONCIÈRE.

Centimes perçus au profit de l'Etat.

Art. 25. — Il ne sera plus perçu au profit de l'Etat, à partir de 1915, de centimes additionnels au principal de la contribution foncière (propriétés bâties et propriétés non bâties).

La part de l'Etat dans cette contribution ne comportera, en sus du principal, que des centimes pour non-valeurs, sur le montant des impositions départementales et communales, et des centimes pour frais de perception des impositions communales.

Centimes départementaux et communaux.

Art. 26. — Les principaux qui serviront de base annuellement, à partir de 1915, au calcul du produit total, par commune, des centimes départementaux additionnels à la contribution foncière des propriétés bâties et à celle des propriétés non bâties, seront formés en appliquant au montant total des revenus imposables une proportion uniforme pour toutes les communes du même département. Cette proportion sera la proportion moyenne existant, pour l'ensemble des communes de chaque département et pour l'ensemble des deux contributions, entre les principaux qui, d'après les dispositions en vigueur antérieurement à la présente loi, auraient servi de base en 1915 au calcul du produit des impositions locales et le montant correspondant des revenus imposables effectivement compris dans les rôles généraux de ladite année.

Le produit total des centimes communaux additionnels à la contribution foncière sera, dans chaque commune, calculé d'après les principaux utilisés pour le calcul du produit total des centimes départementaux par application du paragraphe qui précède.

Art. 27. — Le conseil général aura la faculté de décider, au cours de sa 2e session de 1914, que, par dérogation aux dispositions de l'article qui précède, la péréquation, prescrite par ledit article, des principaux servant de base au calcul des impositions locales. au lieu d'être réalisée en une seule fois, sera effectuée à partir de 1915 par étapes successives, sans que la durée de la période transitoire puisse excéder dix années.

DISPOSITIONS DIVERSES.

Art. 28.— Dans les communes où, postérieurement à l'évaluation effectuée en vertu de la loi du 31 décembre 1907 et avant la mise en vigueur de la présente loi, il aura été procédé à une évaluation générale des propriétés non bâties conformément aux lois et règlements sur le cadastre, les résultats de cette dernière opération, auxquels seront préalablement apportées les modifications nécessaires pour tenir compte des règles tracées par les articles 2 à 4 ci-dessus, seront, au lieu et place des résultats de l'évaluation effectuée en vertu de la loi du 31 décembre 1907, pris pour base de la contribution foncière à partir de 1915.

Art. 29. — Le point de départ de l'application des résultats des revisions périodiques prévues par les articles 7 et 22 ci-dessus est fixé à l'année 1920, tant pour les propriétés bâties que pour les propriétés non bâties.

Jusqu'à ce qu'il ait été procédé à ces revisions dans toutes les communes, la durée de la fixité des évaluations, telle qu'elle résulte de l'article 7 de la loi du 8 août 1890 et de l'article 7 de la présente loi, sera réduite ou augmentée dans la mesure nécessaire pour assurer la succession régulière des opérations de revision.

Art. 30. — Sont maintenues en vigueur les dispositions législatives concernant la contribution foncière qui ne sont pas contraires à la présente loi.

Les remises suivantes sont accordées sur les contributions foncières des propriétés non bâties. Part de l'Etat : aux cotes de 8 fr. et au-dessous, uniques ou totalisées, remise totale : aux cotes de 8 fr. 01 à 16 fr. uniques ou totalisées, remise uniformément fixée à 8 fr. Ces remises ne pourront être accordées *qu'à des propriétaires exploitant pour leur propre compte* et pour les seules terres dont ils sont à la fois exploitants et propriétaires. Elles ne devront être accordées *qu'aux contribuables ne payant pas plus de 20 francs pour la part revenant à l'Etat sur la contribution personnelle mobilière* à laquelle ils sont assujettis dans leurs diverses résidences.

Pour obtenir le bénéfice des remises prévues au paragraphe précédent, le contribuable devra faire, à la mairie de la commune de son domicile réel, une déclaration écrite donnant l'indication, d'après les documents cadastraux, de toutes les propriétés non bâties qui lui appartiennent et de celles de ces propriétés dont il assure directement l'exploitation. Il devra affirmer, en même temps, qu'il ne paye pas plus de 20 francs, pour la part revenant à l'Etat, sur la contribution personnelle mobilière à laquelle il est assujetti dans ses diverses résidences.

Les déclarations seront recevables, chaque année, avant le 10 février. Les contribuables ne seront pas tenus de les reproduire annuellement, mais les faits susceptibles de motiver une modification des indications contenues dans ces déclarations devront faire l'objet de déclarations rectificatives, avant le 10 février de l'année suivante.

Les déclarations que le contrôleur des contributions directes, d'accord avec le maire et les répartiteurs, aura reconnues fondées seront portées sur un état spécial, au vu duquel le directeur des contributions directes prononcera chaque année, les dégrèvements qu'il estimera justifiés.

Les contribuables dont les déclarations n'auront pas été

admises en seront avisés, et ils auront la faculté de présenter des demandes en dégrèvement dans les formes ordinaires, dans le délai d'un mois à partir de la réception de la lettre d'avis qui leur aura été adressée.

Si la déclaration contient des inexactitudes de nature à faire accorder au contribuable un dégrèvement supérieur à celui auquel il peut régulièrement prétendre, le contribuable perdra tout droit à un dégrèvement pour l'année en cours.

Quiconque aura sciemment, soit au moyen d'une fausse déclaration, soit en s'abstenant de rectifier une déclaration antérieure, obtenu ou tenté d'obtenir irrégulièrement les dégrèvements prévus au présent article, sera passible d'une amende de cinquante à cent francs (50 à 100 fr.), qui pourra être portée au double en cas de récidive.

L'amende sera prononcée par le conseil de préfecture, statuant comme en matière de contraventions, sur requête présentée sans frais par le directeur des contributions directes et du cadastre. Cette requête, qui sera accompagnée d'une copie certifiée conforme de la déclaration, tiendra lieu du procès-verbal prévu par les lois des 30 mai 1851 et 22 juillet 1889.

La copie de la requête sera notifiée au contrevenant par les soins du conseil de préfecture.

La prescription ne sera acquise qu'après l'expiration de la quatrième année suivant celle pour laquelle le dégrèvement aura été indûment obtenu ou demandé.

L'amende sera recouvrée par le percepteur comme en matière de contributions directes.

TABLE DES MATIÈRES